爱从懂得开始

陈雪 编著

中国社会出版社
国家一级出版社·全国百佳图书出版单位

图书在版编目（CIP）数据

爱从懂得开始 / 陈雪编著 . —北京：中国社会出版社，2018.1
ISBN 978-7-5087-5884-8

Ⅰ.①爱… Ⅱ.①陈… Ⅲ.①家庭教育 Ⅳ.①G78

中国版本图书馆 CIP 数据核字（2018）第 016659 号

书　　名：	爱从懂得开始
编 著 者：	陈　雪
出 版 人：	浦善新
终 审 人：	王　前
责任编辑：	张　迟
出版发行：	中国社会出版社　邮政编码：100032
通联方式：	北京市西城区二龙路甲 33 号
电　　话：	编辑室：（010）58124856
	销售部：（010）58124848
网　　址：	www.shcbs.com.cn
	shcbs.mca.gov.cn
经　　销：	各地新华书店

中国社会出版社天猫旗舰店

印刷装订：	北京楠萍印刷有限公司
开　　本：	147mm×210mm　1/32
印　　张：	7.5
字　　数：	170 千字
版　　次：	2018 年 2 月第 1 版
印　　次：	2019 年 6 月第 3 次印刷
定　　价：	49.80 元

中国社会出版社微信公众号

目录 / Contents

001　　教育，在路上
001　　自序
001　　家

第一部分　婚姻

003　　　　婚姻的开始
005　　　　婚姻的生命周期
027　　　　婚外情
032　　　　婚姻的解体

第二部分　孩子的说明书

037　　　　为什么要了解不同时期孩子的心理特征
039　　　　0 到 4 个月
042　　　　4 个月到 10 个月

044	10个月到2岁
047	2岁到4岁
050	4岁到6岁
052	6岁到10岁
055	10岁到19岁

第三部分 先天排序

063	多子女家庭的特点
066	多子女家庭的教养方式
071	独生子女的教养

第四部分 孩子的成长时光

077	敏感期
092	幼儿期分离教育
101	少儿期习惯养成
113	青春那些事

第五部分 观念决定一切

- 133　爱的感悟
- 138　父母为什么需要学习和成长
- 141　孩子不一定要听话
- 144　站在孩子的高度看问题
- 146　其实你一直在放弃孩子

第六部分 孩子世界里的父母

- 153　孩子不喜欢的妈妈
- 160　孩子喜欢高能量的妈妈
- 166　爸爸去哪了
- 170　爸爸应该教会男孩子什么
- 177　爸爸应该教会女孩子什么
- 180　"穷养儿，富养女"新解

第七部分 梦想落地

- 185　为什么要有梦想
- 191　怎样帮助孩子找到梦想

第八部分　焦点话题

201　网瘾
205　啃老
209　手机控
214　单亲家庭长大的孩子
218　学习问题

223　**写在后面的话**

教育，在路上

我和陈雪是在一个读书会上认识的，这些年她一直致力于家庭教育的学习、实践和传播。陈雪是一个勤奋的人，我在她的朋友圈经常见到她在全国各地学习和教学的身影，也经常在教育类公众号上看到她发表的教育感悟的文章。她组建了多个教育群，不仅吸纳各方优秀人士参与，更寻觅了很多父母来共同探讨、分享家庭教育问题，更新教育理念。我常常能听见她悦耳的晚间讲座、语音晨语。她在用各种形式，将自己所学所悟所感同大家进行分享。

作为一名教育人，我一直认为教育不单需要理论，更多的则是实践。教育直面人的生命成长，是涉及自然科学和社会科学的系统工程，要真正说清楚，特别难！但我们都在教育的实践中不断探寻，我们都是教育的思考者。

陈雪把新书《爱从懂得开始》的文稿传给我，邀请我给她写序。书的内容包罗万象，从家庭夫妻的情感，到对孩子不同时期的教育要求和见解，乃至于对家庭教育的热点、焦点问题的剖析，既有自己的思考和观点，也有大量的家庭教育的资讯带来的参考。其实，对家庭教育的探究是一个实践过程，它和我们的婚姻状态、知识结构、孩子的成长阶段，甚至上一辈的原生家庭组成结构等息息相关。可以说，陈雪的这本书向我们传递了这样的价值：家庭教育我们应该关注些什么，作为一个母亲，或者父亲，我们应该承担怎样的责任和义务。

她曾说，她所做的一切都源于爱，对孩子的爱，对教育的爱，对世界的爱。我说，爱永远是教育的主题，更是家庭教育的起点和归宿。我很赞成陈雪用《爱从懂得开始》作为书名。

从陈雪身上，我更感受到了一份不断探究，不断成长的精神，我仿佛听到了一个年轻母亲拔节成长的回音，更感受到了一份家庭教育的责任和自觉，同时也看到一名教育者的使命和价值。

我相信，伴着孩子的成长和家庭教育的实践探索，她的思考会更加深刻，更有价值。

教育，我们永远在路上！

清　瑕
2018年1月26日于美国艾奥瓦

清瑕，中国教育学会家庭教育专业委员会理事，美国"天下"文化教育交流中心 CEO

自序 / Preface

很多年前，我就开始关注家庭教育。一个生命的孕育与成长，我既是实践者也是探索者。一个生命从无到有，带给我们的不仅仅是惊喜，更是考验和成长。

这本书，仅代表了我个人对家庭教育的一些新看法。当前，家庭教育的空前缺失已经成为一个全民现象。我们养育子女，不仅要关注他们的衣食住行，更应关注其身心健康成长，这是时代给予我们的挑战和考验。我们需要有更多新的突破、新的理念，去引领未来的孩子。

改革开放以后，大多数中国人忙于经济建设，渐渐失去了安全感，失去了幸福的能力。人们变得功利、焦虑与刻薄。人们拥有的太少，想得到的却太多，所以不论贫富，全民幸福指数普遍下降。

自然环境恶化，食品安全危机，医疗体制不健全，教育制度不合理，凡此种种，是不是确实存在的呢？答案是肯定的。但是，任何一个国家和组织，在进入一个前无古人的新时代时，都难免要出现这样那样的问题，而所遇到的各种问题追根溯源，其实是我们的教育出了问题。

教育可分为两个部分，即："教书"和"育人"。

在教书的部分，中国的学校教育相对而言是成功的，中国学生的文化知识和学习能力均是世界领先。在这个方面，我们不能责怪学校，无论硬件设施，还是师资力量，都无可挑剔。在育人的部分，则往往成为了国内教育最薄弱的环节。孩子的父母一股脑儿地把责任推给了学校和社会，其结果往往不尽如人意。其实，育人最需要家庭的配合。

当下的状况是：家庭、学校、社会这三根链条不能有效地链接。而家庭教育这个重要领域也没有一个权威的标准和教材。孩子们个体间的差异，很难让教育统一化和标准化。而家庭教育的缺失是很多社会问题出现的根本原因。无论是婚姻关系还是亲子关系，都是组成家庭的重要因素。

习近平总书记不止一次地提出要重视家庭教育。每个人的家庭梦想实现了，那么中国梦也就实现了。

无论是经营夫妻关系，还是教育子女，如果我们从一开始就弄错了起点，搞错了方向，那么跑得越快就错得越远。我们需要看到真相，婚姻是创造的结果不是选择的结果。每一个孩子都可以拥有这个世界上最美的东西，谁的生命力不被压抑，谁就能创造的多一点。每一个父母也都可以拥有这个世界上最好的孩子，父母成长得快一点，孩子的进步就会快一点。

今天无论我们经营夫妻关系还是养育子女，都不能完全依赖于学校和社会。一般来说，一个孩子在婴幼儿、青少年的成长过程中，70%左右的时间是在家庭中度过的，家庭对于一个孩子的影响远远超过学校和社会。因此家庭教育才是子女教育的主体。父母是孩子的第一任老师，家是孩子的第一间教室。我们从小接受了很多的教育，却没有学习过如何去生活。那么哪里落下的课，就要在哪里补上。父母们有了这样的认知和觉悟，家庭教育也就有了希望。

世界属于那些善于发现自我、改变自我的人们。今天的孩子们，其大脑的发育已远远超过了身体的发育，他们缺少的是运用的技巧和控制的本领，陈旧的理念已经不能支撑他们的成长。父母爱孩子是毋庸置疑的，但是有没有想过，孩子为什么会出现那么多我们不希望出现的问题？答案只有一个，因为感受不到爱。

大多数的父母都是在用自己的方式爱孩子。那个方式是父母需要的，不一定是孩子需要的，所以很多父母很用心，孩子却接受不了。父母抱怨，孩子不解，由爱生怨，甚至是恨。爱孩子，爱对了是一剂良药，爱错了就是毒药。

当我们拥有了打碎过去链条的勇气，你就会遇见全新的自己。父母的认知将改变家庭的命运，改变孩子的未来。懂得是爱的基础，接纳是爱的前提！教育的意义在于预防，如果我们能够运用正确的方式，从源头给孩子灌输正确的理念和价值观，那么孩子的人生将拥有无限的美好。这本书从孩子的心理和行为以及性格的层面给到了一些解读，让我们能够更加清楚地看到孩子的成长历程。如果这本书能带给您点滴的灵感和触动，那将是我最大的心愿和祝福！祝福你们！

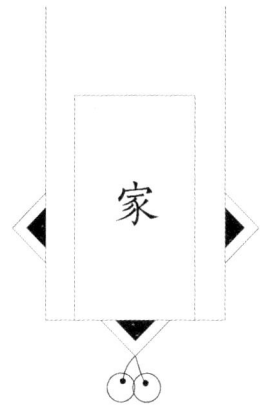

家

家是每一个人的港湾,是社会最基本的细胞。我们一生中,最多的时间都是在家里度过的,和我们相处最久的是关心我们的家人。我们无时无刻不在接收着家带给我们的营养和支持,我们也常常被家里的人情世故困扰着。

中国有句古话:"家和万事兴。"这句话深刻地诠释了家的含义:家和才能万事兴!幸福的生活是每个人的企盼,也是每个人的愿望。婚姻家庭作为人类社会进步的永恒主题,一直是很多专家学者热衷的领域。

当下,中国正在飞速的发展中,而发展就一定会带来发展中的问题。过去与现在完全不同的时空变换,人们对于爱情、婚姻、家庭在不同程度上都有了新的定义和理解。那么,人们能否适应这全新的考验呢?

我们正在接受时代的检验,一个家庭中最重要的两种关系:夫妻关系、亲子关系。近年来不断涌现出的问题,也是从这两种关系中体现的。婚变、婚外情、孩子叛逆、逃学、网瘾、早恋、吸毒、离家出走,甚至自杀事件频出。这些事件让我们不得不反思,我们的家庭教育出现了什么样的问题?

从懂得开始

　　经过数年的学习和研究,我们发现很多问题出现在家庭中,出在教育者本身。教育的意义是预防,应该走在成长的前面。可是当我们走入人生的每一个阶段时,似乎都没有一个理论和依据去支撑我们的成长。我们都是凭借着一代一代人的生活经验去生活和教育孩子的,但事实上,这看似简单的成家立业养育孩子,是需要我们下大力气去学习和研究的。这是一门科学,是每个人都要经历和学习的科学。

第一部分

婚 姻

第一部分
婚姻

婚姻的开始

婚姻是人类有史以来最伟大的发明，它对人们既是约束也是保障。它让两个毫无血缘关系的人走到一起，直到一个新生命的降临把他们的血融合。其实，婚姻的发明就是约束人的本能和本性的。人之所以区别于动物，就是因为可以约束和克制。从表兄妹血缘婚、抢婚、走婚、一夫多妻到现在的一夫一妻制，婚姻为区分家庭以及保障弱者发挥着至关重要的作用。人类用这样的方法保证了族群的延续，并发展到了今天。

你情我愿，领证结婚。婚姻其实最早是从承诺开始的。我们在电视上或者电影上经常会看到西式的婚礼，牧师在主持婚礼的时候都会问现场的人们，有没有人反对这个结合，然后再问新人："无论顺境逆境，无论贫穷富贵，无论健康还是疾病，你是否愿意陪伴他（她）一生一世，爱她（他），保护她（他）……"在众人的支持和见证下，两个人从许诺开始了一段婚姻。在中国，同样也会有一个类似的结婚典礼，昭告亲朋好友，两人承诺结婚了。

人类为什么需要婚姻？是男人更需要婚姻还是女人更需要婚姻？答案是：男人。因为婚姻意味着男人可以独占一个女人，可以保证女人肚子里的孩子是自己的。而女人并不需要有这样的确认，不管怎样，孩子都是从自己的肚子里生出来的。可是往往在婚姻中的女人会认为，自己更需要一个家，女人需要照顾、需要被爱、需要安全感，而事实上并非如此。因此，总有男人和女人抱怨婚姻欺骗了自己。

其实婚姻没有欺骗，而是我们自己不懂得婚姻的含义。我们常常被电视或者电影所误导，认为婚姻是这样的或是那样的。那些影视作品来源于生活又高于生活。如果大家看过《金婚》那部电视剧就会发现，婚姻生活的短暂激情过后，是要面对无数个柴、米、油、盐的平凡日子的。能够坚持到金婚，往往是要有化解痛苦的能力，甘于平庸的心境，以及不离不弃的责任感。我可以从婚姻最初的承诺中看出，在婚姻中机会和风险是并存的。但往往新婚的男女都没有这方面的意识。

没有经过学习就参加考试，一定会遇见很多的困惑，这是如今很多婚姻将要面对的事情。我相信年轻人都是因为爱情走进婚姻的。然而，没有经过准备就步入婚姻殿堂也是普遍的现象，我希望能够通过这本书，让更多步入婚姻殿堂的年轻人，对婚姻有更多的了解。或许也可以对新婚夫妻们起到一个保护的作用。

婚姻的生命周期

婚姻关系的发展可以分为以下几个阶段：从两个人变成一个家庭；从一个家庭变成两个家族；从夫妻变成父母；从磨合期走向平静期；从中年婚姻走向人间晚晴。

为什么家庭教育要把婚姻关系纳入进来，并且作为一个主要内容呢？因为经过研究发现，当我们单纯地去看孩子的行为问题时，总是找不到答案，当下的方法也许奏效，过了一段时间后，问题总是会反复地出现。我们解决了一个问题，还有N多的问题出现。追溯到根源，大多数孩子的问题根源还是在家庭方面。家是孩子赖以生存的土壤，土壤的质量决定了果实的质量。夫妻关系作为家庭中最重要的关系，它不仅影响的是成年人之间的情感、事业以及家庭氛围，更影响着孩子以后的婚姻家庭幸福。

我们养育孩子的最终目标是让他们学会生活，拥有快乐和幸福的能力。婚姻和家庭也是孩子的一门必修课，经营好夫妻关系也是给孩子一个榜样的作用，孩子会在自己熟悉的环境中耳濡目染。这也就是为什么最近几年大家一直推崇一句话："给孩子最好的爱是爸爸爱妈妈。"

我想，人们已经充分认识到婚姻家庭对于一个孩子的重要性，因为走进婚姻往往就代表着为人父母。因此，这个时候有必要把这些内容，告诉那些即将为人父母或已经成为父母的朋友们。

在结婚之后，男女之间就开始了夫妻生活之路。我们可以把婚姻过程分为几个阶段：第一个阶段是磨合阶段，这个阶段大概是婚后的两年内。第二个阶段是角色转换阶段，这个阶段是在婚后的三到五年内，男女双方从夫妻变成了父母。第三个阶段是成长阶段，婚后的 5 年到 15 年，这个阶段是养育孩子以及事业上升的关键时期。第四个阶段是考验阶段，这个时期大概是婚后的 15 年到 35 年，这个时候孩子处在青春期，夫妻双方处在更年期，对于婚姻家庭也是一种考验。第五个阶段是人间晚晴晚年婚姻，这个阶段是在结婚 35 年以后，此时孩子已经组建家庭，夫妻双方开始退休，进入了晚年生活。

我们大致把婚姻的周期分成这五个阶段。也许大家进入婚姻的时间不尽相同，但类似的节点在每一段婚姻中应该都有经历。下面我们就分别看一下在各个阶段我们能为婚姻做些什么。

第一阶段：磨合

传统的婚姻大多数都是包办的，由男女双方的父母操办，人们根据男女双方的政治、经济情况进行分配，也就是所谓的"门当户对"。那时候的婚姻没有选择性，只要结合没有意外就会相守到老。如今时代不同了，人们提倡婚姻恋爱自由。人们选择结婚对象的途径也大大拓宽了，除了传统的介绍，出现了婚介所、电视相亲、网络相亲、自由择偶方式等。人们不再受时间、地点、年龄的限制。试婚、裸婚、闪婚这样的形式也在青年男女中流传开来，这无形中给婚姻带来了很多的不确定性。

过去婚姻要经历很长时间的婚前交往，才会最终走进婚姻的殿堂。人们对婚姻双方有了足够的习惯和了解，双方的家庭有了足够的互动和认可，出现问题的概率就会大大降低。今天，很多的青年男女却是先进入婚姻再开始磨合的。很多的婚姻失败例子就是在磨合期，谁都不甘示弱，最后分道扬镳。新车上路尚且需要慢慢磨合，更何况是刚刚组建一个新家呢？所以，新婚夫妻的磨合对今后的生活至关重要。

第一，生活习惯

两个来自不同家庭，甚至是不同地方的人，生活习惯一定是有所不同的。我和我先生就是典型的"南北结合"。他是南方人，我是北方人。南方人的饮食习惯是每餐都要喝汤，北方人就没有这样的习惯。我口味比较重，喜欢吃一点辣味的东西，可是他不吃辣，而且喜欢吃甜的东西。我第一次去他家的时候，只吃得下一道菜——酱牛肉。因为这道菜全国的味道都差不多。

恋爱的时候可能一方会迁就另一方，不吃辣的吃点辣，不吃甜的吃点甜的。可是婚后过日子就不一样了，谁也不能迁就谁一辈子，需要双方都作出让步和妥协。还有很多习惯在婚前觉得那是优点，婚后就会厌恶至极，例如吸烟。很多女孩子在初识吸烟的男孩子的时候，看到的是吞云吐雾的帅气，婚后发现丈夫的衣服上、屋子里都是刺鼻的烟味，就会迫不及待地想要治理。还有时，男孩子喜欢乱放东西，或者丢三落四，等等。其实这都是我们在婚姻中常见的现象，婚前的优点是被放大的，婚后则是缺点被放大。其实人没有变，只是心态变了。我们要察觉自己的心态变化，适度调整，体谅对方的感受。

第二，语言习惯不同

同样以南北结合为例子。南方与北方对同样一句话可能用不同的方式去理解就有不同。例如：北方人说"缺德"，可能只是一句玩笑话，南方人就会觉得这是对他们人格的否定。虽然都是中国人，但是语言的差异还是客观存在的。我们不妨在对方表达之后，加入核对的环节，核对一下对方的意思是不是自己理解的样子，这样就会减少很多的矛盾。

我们也会发现，在这个世界上所有的关系都是因为爱开始的，因为误解结束的。我们有时会误认为别人是怎样的，失去了对事情本身的客观认识。于是我们带着误解，带着情绪与对方相处，如果这些情绪得不到宣泄，就在体内累积，就像滚雪球一样，直到某一天彻底爆发。很多夫妻吵架会引出很多天以前的事情，就是这样的道理。学会处理当下的情绪真的很重要，如果能加入核对的环节，就会减少很多的误解。

第三，两个家庭间的互动

结婚之前，两个人都归属于各自的家庭。结婚以后，两个家庭便会产生交集，我们要清楚地明白婚姻不是两个人的，而是两个家庭的结合。每个家庭都有特定的处事风格，要融入就要有"牺牲"。

记得那是我父母第一次到我先生家做客，第一天到达后，晚上一起吃饭，按照北方人的习惯，要有人陪酒、聊天、夹菜……照顾得很周到，但是南方不同，他们同样是做了很丰盛的一桌饭菜，只是习惯不同。我先生家里的待客习惯是：更希望客人自由些，想喝酒就喝，不喝也不强求，他们也不会主动地给客人夹菜。这些跟北方的待客之道完全不同。还有一些人家在即使家里有客人的情况下还是会去做自己的事情。

这些都是差异。如果不加以解释和澄清，那么很可能就会产生误解。其实两个家庭之间的矛盾很多时候就发生在细枝末节的差异中。从事情上的不满转变成对人的不满。其实要完全地适应一个新的家庭，是需要时间和需要让步的。每个人都需要为家庭作出一些牺牲，一个比较好用的方法是：配合另一半，"你的主场你做主"，也就是去到对方的家庭活动时配合对方，这样就不容易产生分歧。

生活中有很多家庭的不和谐影响亲密关系的例子。为了避免这些问题，应该提前做好心理准备。毕竟对方是来自于别的家庭，他很难脱离那个家庭。我们选择了彼此，就差不多等于选择了他身后的家庭。

第四，性格的磨合

由于现在青年男女婚姻择偶的方式越来越多，大大拓宽了人们走进婚姻的途径,但这为青年男女带来更多选择的同时也带来了不少问题。人们彼此间的了解变得不那么容易。越来越发达的网络链接,越来越远距离的交往,以及多样性的选择增多,青年男女很难有时间详细了解对方,就匆匆地走进了婚姻,婚后性格上的磨合是一定要经历的。婚姻和恋爱不同。恋爱时一言不合可以回家,婚后几言不和也终究要面对彼此。

此时,了解对方的情绪习惯,以及思想习惯就变得尤其重要。这样我们就可以有效地调整自己,去适配对方。我们也必须清楚地知道,每个人或多或少都会存在一些性格上的缺陷,一个人的性格是多方面的:谦虚、谨慎、温和、善良、懒惰、顽固等。我们可能只是与对方的一面相遇,不可以以此否定对方的全部。

第五,矛盾发生

即便是两个人在生活习惯、性格以及其他方面都磨合得很好了,生活中的小摩擦还是在所难免。吵架和有分歧都是正常的,关键是看两个人的态度。

这里提一些小建议:1. 不在长辈面前吵;2. 不在公共场合吵;3. 如果有了孩子不在孩子面前吵。

不在长辈面前吵

在长辈面前吵架,一方面是让长辈很难为情,长辈们很难做到不感情用事,都认为自己的孩子好,又不能去责怪别人的孩子错,若是情绪处理得好,还可以相安无事。若是双方都很激动，就会引发一场大的冲突。本来小两口可以内部解决的问题，因为参与了两个家庭，就会加重矛盾。另一方面，会延长和好的时间。俗话说："小夫妻吵架，床头吵完，床尾合。"内部矛盾很快就解决了，但若参与了外在因素，很可能引发其他的矛盾，会延长和好的时间。

不在公共场合吵架

在公共场合吵架，一方面是对公共环境的影响；另一方面会导致夫妻双方碍于面子感情用事，尤其若是在双方的工作环境中，会无形中令矛盾升级，还会影响双方的工作氛围。有一些夫妻会在吵架的时候威胁对方，或者去单位闹，尤其是一些有公职的人。这样的做法是非常不可取的，家庭内部矛盾如果与外在形象挂钩，事情就不那么简单了。我们可以有冲动，但必须要清楚哪些事可以做，哪些事不可以做。

不在孩子面前吵架

夫妻吵架最受伤害的是孩子。孩子面对两个至亲的满目狰狞，会非常害怕沮丧，缺失的安全感会给孩子带来永久的伤害。

在婚姻中，吵架和矛盾都是正常的，没有一对夫妻在婚姻生活中一次分歧都没有。我们需要坚定的是，吵架是为了磨合，为了今后更融洽。我们不能以离婚作为解决问题的首选方法。我们在一段关系中，不学会处理、化解矛盾，重新选择一次，仍然会出现相同的问题。我们选择婚姻，只不过

是选择了原材料。幸福的婚姻从来不是选择来的，而是创造出来的。

第二阶段：角色转换

组建婚姻家庭，就意味着人的另一个角色的开启。在婚姻开始的几年里，考验夫妻双方的是角色的转换。人们通常需要经过几次角色的转换，即从恋人到夫妻，从夫妻到父母。

从恋人到夫妻

新婚夫妻走过了蜜月期的甜蜜，就开始了柴米油盐的日常生活。这个场景就与恋爱时完全不同了。恋爱时的洒脱与浪漫被平淡的日子所代替，再美的爱情总要吃饭过日子，锅碗瓢盆的交响曲就是家的主旋律。

朝夕相处的彼此，完全地本真地出现在对方的世界里。对方身上的缺点和不足，毫无保留地出现在两个人零距离的生活中。恋爱时的温柔、包容、妥协、迁就随着时间的推移，渐渐地退场。激情和刺激越来越少，工作家庭的压力占据着日常的生活。随之而来的是漫长而平淡的生活。

电视上、电影上往往把婚姻描述得多姿多彩。让许许多多的年轻人错误地领会了婚姻的真正含义。相比多彩的艺术世界中的婚姻，现实中的婚姻就显得令人疲惫和乏味。这个时期正是考验夫妻双方的时刻，从恋人到夫妻要求两个人都要适当地调整心态，调整过去的生活方式选适应现在两个人的生活。这包括生活情趣、兴趣爱好等。每个人结婚后都会把过去的生活习惯，或多或少的带到现在的生活里。

夫妻关系是否和谐，很大一部分在于彼此是否能够互相理解，满足对方的生理以及心理的需求。双方放下完全的自我，主动去融合对方的世界。当然这不是一件容易的事，可能会遇到很多的误解、笑话、甚至是矛盾，但这都是互相了解的过程，我们要有这样的勇气和决心去探索对方的世界，为和谐的夫妻生活而努力。

从夫妻到父母

我们常常会问：结婚是为了什么？为了有一个家？为了一个人只属于另一个人？还是为了把优良的"种子"传承下去？传统的观念里婚姻很大一部分的职能是"传宗接代"，一般在婚姻之后的两年里，夫妻之间会有计划地准备生育。因此家庭中夫妻的角色又从夫妻变成了父母。对于很多的家庭来说，养育孩子的过程是最考验夫妻双方的。

从最初的妊娠反应，到每个月的孕检，再到后来的围产期。整个过程中的妻子是很辛苦的，但同时也考验着丈夫的责任和耐心。过去生孩子似乎是很简单的事，小夫妻生了孩子老人带，一家人都生活在同一个屋檐下。如今城市夫妻大都远离父母，又普遍的晚婚晚育。对于生孩子这件事尤其重视，夫妻双方都对孩子的来临充满了期待。孩子的出生医院、月嫂、生活用品都是万般考究。生怕哪一点做得不够周全。过高的期待难免会脱离实际，理想和现实之间总会存在误差。因此这个时候帮助夫妻补习父母的功课就显得尤为重要。这部分可以分为两个阶段：孩子出生前的准备、养育孩子的准备。

一、孩子出生前的准备

（1）首先是心理准备

从夫妻走向父母是需要准备的，我们不建议一结婚就马上生孩子，夫妻之间应经过一系列的磨合，建立亲密和谐的关系，这是准备迎接新生命的前提和基础。孩子过早地到来，会让所有的角色无所适从，一定会产生混乱。每一个大人，都曾经是一个孩子，成为别人的父母，首先自己要先成为一个大人。我们必须做好成为大人的准备，包括生理上和心理上的双重准备，这样才有能力去应对整个怀孕生产的过程。

（2）其次是物资的准备

家里即将迎来一个新生命，有很多东西需要准备。现在养孩子的成本很高，从出生的医疗费用、到家具床品，再到孩子的奶粉和尿不湿等。每一个环节都需要有充足的资金做支持。

除了孩子，还有妈妈的营养和护理，以及照顾孩子的帮手。这些都是需要提前准备的。

（3）最后是情感支持

怀孕生孩子最考验的是母亲，十月怀胎一朝分娩，在这个过程中丈夫要做好心理准备。孕期的反应会影响妈妈的情绪变化，丈夫要多多包容。怀孕期间前三个月和产后三个月夫妻生活要有节制，夫妻间要做好情感的链接和沟通。丈夫也要照顾妻子的饮食起居，做好产检工作。妻子也要体谅丈夫的不易，不能因为身体不适就难为丈夫，做到互相体谅。和谐的夫妻关系是迎接宝宝到来最好的礼物，在爱里孕育降生的宝宝，将是孩子来到这个世界最好的迎接方式。

二、养育孩子的准备

历经十个月的期盼，终于迎来了新生命的降临，这对于整个家庭来说都是一件喜事。当父母捧着这个新生命的时候，无比的感恩和激动，整个世界都充满了新奇。感动的同时也带来了更多的工作需要去面对。多了一个人，就多了很多意想不到的事情，所有的事情和计划都因为这个孩子要重新地调整安排，再也不能像从前那样随意了。

新生儿需要被照顾，新鲜感过后，紧跟而来的是洗尿布、冲奶粉、刷奶瓶等一系列的琐事。这些琐事看似简单却重复性极高，几天下来夫妻双方就会身心疲惫，尤其是妈妈又要承担喂养孩子的任务。妈妈在这个阶段身体变化也很大，一方面劳累会让自己的身体大大透支；另一方面出于对孩子的爱，妈妈又容易提出较以前更高的要求，在这样双重的压力下，就会产生很多的负面情绪。

而其中绝大多数的负面情绪都是因为孩子。明天怎么办？新的一天孩子会怎样？孩子哭了、病了怎么办？

这个时候妈妈最容易"产后忧郁"。此时，丈夫的理解和家人的支持是妻子最大的渴望。

孩子出生以后是最考验夫妻感情的时候，夫妻之间从过去如胶似漆的二人世界变成了三口之家，两个人的注意力难免被孩子吸引，孩子成了注意力的焦点。孩子对母亲的需求是无时无刻地，丈夫时常感觉到被冷落，无论是关注度还是夫妻生活在此时都会大大减少。丈夫难免失望沮丧，此时如果夫妻双方没有心理准备，就容易产生矛盾。适应成为父母的生活，就要明白孩子的需求，"忍痛割爱"暂时服从孩子的需求。丈夫多帮助妻子分担家务，减轻妻子身心的压力，这样才有可能满足大人的情感。

无论照顾孩子有多么精细，孩子也难免会有感冒发烧的时候，当孩子身体出现了不适，父母都会非常着急，夫妻双方要同心协力照顾孩子，避免相互埋怨，影响夫妻感情。

妻子要与丈夫一起照顾孩子，尽量不要分开。一方面是因为孩子需要父亲的陪伴，养育孩子也需要爸爸的付出；另一方面，由于妻子产后性欲望可能会下降，往往会怠慢丈夫的需求。丈夫不会有怀孕生产的体验，他有正常的需求也是人之常情，所以妻子此时不应剥夺对方的权利。养育孩子毕竟只是那么几年的时间，夫妻之情却是天长地久的。

三、婆媳关系的处理

婆媳关系无疑是家庭关系中最难相处的关系。两个女人是因为一个男人走到一起的。争地位、争权力，谁都不甘示弱。若是婆婆通情达理还好，若是婆婆蛮横就会让丈夫在中间很难做。一面是至亲，一面是挚爱，丈夫往往只能充当润滑剂，"两头瞒"也未必不是一计良策。其实婆媳之间的矛盾大多数是因为双方对各自的生活习惯和性格不够了解，多多沟通和理解对方，创造一个和谐的氛围，也会给孩子更多的安全感。

从恋人到夫妻，从夫妻到父母，家庭中角色的转换，考验着每一个已婚的男女。在婚姻中，这个阶段是最关键的时期，很多的夫妻就是在这个阶段出现的问题。提前预知将要遇见的困难，对稳固婚姻基础有很重要的作用。及时的调试就会避免很多的不愉快发生。祝愿所有的夫妻都能平稳地度过这样一个阶段，顺利迎接下一个篇章。

第三阶段：成长期

经历了前面两个阶段，婚姻基础已经打牢固了。孩子渐渐地长大了，照顾孩子也不那么手忙脚乱了，有些孩子可能准备上幼儿园了。夫妻关系趋于成熟稳定，此时有更多的闲暇时间留给妈妈。"男主外，女主内"的角色分配真的合理吗？女人的社会价值该如何体现？全职太太的危机谁来拯救？

打破"男主外、女主内"的传统

过去，很多的夫妻都是遵循着："男主外，女主内"的角色定位。当孩子降临以后，妈妈在家照顾孩子，爸爸外面挣钱，负责物质供给。一方面取决于孩子的天然需求；另一方面也是传统文化的约束，人们自然而然地接受着这样的安排。

如今，大多数女性的思想学识都有很大的提高和进步，她们需要走出家庭进入社会，需要有跟男性一样的工作机会和工作报酬。可是传统的观念，使大多数女性即使在外面工作，大多数家务也仍然落在了女人的肩上，内外的双重压力往往令女性身心俱疲。一些有觉悟的男性开始意识到这一点，帮助妻子分担家务，涌现出了很多"模范丈夫"。这令很多的女性出现在社会的舞台上，她们不再只是男人的附庸，做一些类似保姆的工作，而是成为了各个领域的佼佼者。

在一个家庭中，女人得到解放，需要成长的是男性。孩子不再需要妈妈整日的照顾，男人应该支持妻子出去工作。毕竟结婚、生产、哺乳带给女性的压力已经够大了，她们至少要牺牲两年的时间去照顾孩子和家庭。重新面对工作是一个挑战，需要得到丈夫的帮助和支持。

当家庭角色与社会角色冲突时怎么办

理想和现实总是会有差距，尽管我们已经做好了一切的准备，在面对家庭和工作的时候总是还会有冲突。虽然女人们走出家门参与社会，但是毕竟不如一直在职场打拼的男人，男人们仍然是家里赚钱的主力。当孩子需要早教辅导和品格教育的时候，家庭教育的角色多半都由女人来承担了。丈夫在家庭教育上的缺失是今天很多家庭问题的发生的主要原因。这一点需要引起爸爸们的重视。妈妈再用心，也代替不了爸爸的角色。这是这个阶段夫妻之间需要解决的一个很重要的课题。男人要有足够的耐心和责任心去支持孩子成长，维护家庭的稳定和谐，孩子的健康成长。

还有一个方面是：丈夫要支持妻子的事业。妻子为家庭付出了很多时间，自然在工作上就会被落下很多。妻子需要时间去追赶其他人，她需要学习、需要应酬人际关系，这些都是职业发展所必需的。丈夫要给予支持助她一臂之力。夫妻之间的很多矛盾就是在这个时候发生的，丈夫认为妻子总是在做无用功，浪费时间没有成果，家里也没有照顾好。于是心生埋怨，夫妻关系出现不和谐。经常可以看到的是妻子在外面忙忙碌碌一天，回到家里还要忙忙碌碌，有时还提心吊胆，生怕老公"发威"。甚至会加倍付出以换得走出家门的机会。如果在工作中再有不顺利、不愉快的事情发生，那么夫妻吵架的理由就更多了。建议如果条件允许，找个阿姨照顾家里，这样就会减少很多冲突的发生。此时，需要夫妻双方共同的成长和努力去维护家的稳定。

全职太太的困扰

很多年前，做"全职太太"是万千女性的梦想，那意味着可以不用工作，享受生活。近年来，情况发生了很大的变化，全职太太不再受女性的追捧。事实上，这样的家庭模式对于家庭来说并不是有利的，它存在很多的风险。这意味着夫妻双方不能在一个舞台上相互成长，女人必须面对的是男人不断的事业进步，越来越频繁的应酬，还有外面越来越多的诱惑。很多女人可以衣食无忧，但是生活失去了色彩，她们不爱打扮或者只专注打扮自己，游手好闲、怨声载道、忧心忡忡，整日的关注点就是老公、孩子。怀疑让她们失去自信，敏感让她们的生活一团糟，自我价值感极低。很多年轻的太太开始抑郁，家庭矛盾不可调和。

我并不主张女人做全职太太。有太多任劳任怨的全职太太，最初支持丈夫创业，最后丈夫却扬长而去。人性中的很多东西是我们需要了解的。共同成长才能跟得上脚步，才不会被落下。夫妻共同参与社会，对彼此也是一个制约和平衡，不断地吸取新的知识和能量，对于教育孩子也是极为有利的。夫妻双方的角色示范对于子女社会化过程也是有很大的正面影响的。

当然，如果条件不允许，一定要太太维护家庭，丈夫也要了解妻子的心理变化，理解她为家庭的付出和努力。要给她足够的安全感，避免主观的判断和猜测影响夫妻感情。妻子也要明白，时间放在哪里，成果就会在哪里。不要盲目羡慕别人工作上的成就，家庭的幸福是你最大的成就。适当地找一些可以做的活动打发时间，让生活丰富多彩起来。

婚姻的成长期，是夫妻适应新角色、迈向人生新高度以及孩子教育的关键时期。在这个阶段需要夫妻同心协力，同甘苦共患难经营好自己的家庭。

第四阶段：考验期

结婚后的15年到35年是婚姻的考验期，也就是我们所说的中年婚姻。一般来说婚姻走到这个阶段已经是非常稳固了，经历了新婚、养儿育女、孩子的升学、成家立业，夫妻间的亲情、恩情、感情已经固若金汤，很有希望白头偕老。孩子都自立了，不再需要照顾，经济上、事业上都不用发愁了，理论上夫妻双方按理说有更多的时间经营夫妻关系，准备享受相亲相爱的晚年生活了。可是，近年来中年夫妻的离婚率不断地上升。

如今生活水平、医疗水平、健康水平都有所提高，人们的寿命也不断地延长。加上婚恋观的转变和媒体的大肆宣扬，一些明星娶小十几岁的妻子都是常事了。中年男子成了"超甲男"，非常抢手，年轻的女孩们为了物质享受、社会地位愿意投怀送抱。这些因素无形中加剧了中年婚姻的不稳定性。如果中年夫妻感情破裂甚至发生婚变，结果将比青年人更加难以挽救。因为此时家庭对孩子的影响已经不那么明显了，夫妻双方也只剩道德上的约束了。

在这个时期，考验夫妻关系的因素有很多：

生理期的影响

从生理上讲，中年夫妻将要面对被称为更年期的阶段，而此时正是孩子的青春期。两个特殊时期的叠加往往使家庭内部出现矛盾。女性一般在40岁到55岁之间进入更年期，更年期的女性体内的激素水平分泌不平衡，月经不规律、心悸、潮红、头晕等状况困扰着很多女性的身心健康。由于生理上的不适，就会影响夫妻生活的质量，进而影响夫妻感情。

如果此时恰逢孩子的青春期，将是对两代人的挑战。青春期的孩子身体和心理发育速度加快，他们需要做自己的愿望更加强烈，他们的行为越来越不符合父母的期待。所谓的"逆反"时常出现。妈妈的发号施令此时不再管用，父亲在这个时候非常重要。一方面要照顾妻子帮她度过更年期的种种反应；另一方面也要关注孩子的青春期问题，做孩子的知心朋友。当然妻子也不能完全任性，虽然更年期的种种不适会带给女性情绪上的变化，但也要克制和改善，毕竟丈夫忙于事业和家庭，也有很多的压力，需要体谅和支持。如果真的出现解决不了的难题，尽早地邀请专业的心理医生加入也是不错的选择。

"空巢"夫妻

当孩子考上大学，或者自己组建了家庭，离开这个原生家庭后，夫妻之间就应该适当地调整自己的角色，从父母做回夫妻。由于以往的经历过多地投放到孩子的身上，忽略了夫妻间的亲密。当孩子不再是两个人关注的对象时，自然就把注意力投放到了对方的身上，此时两个人需要互相的关心和信任。闲来生事，就是这个时期常见的矛盾。对于"空巢"夫妻来说，能够让彼此重回二人世界是一个很大的课题。

当鱼尾纹慢慢地爬上彼此的脸上的时候，我们是否还愿意梳妆打扮？年轻的时候很愿意穿点时髦的衣服，可是人到中年，身材也不如从前好，肤色也不如从前亮，蹉跎的岁月在年轻的脸上留下了道道痕记。因此很多的夫妻开始放弃了打扮、懒散、随意。长此以往，难免会出现审美疲劳。为了家庭的和谐，尤其是女性，任何时候都不能放弃自己美丽的机会。虽然夫妻之情不能流于表面，但是不可忽视的是，当下的媒体广告每天都在宣扬帅哥靓妹，难免让人心生倾慕。爱美之心人皆有之，不同的年龄段有他自己独特的风韵，要懂得欣赏和取悦自己。

经常与亲戚朋友聚会，聊聊家长里短，有助于调节心情。过去忙于工作或者是照顾家，没有时间去交际，此时可以多与朋友走动、增进感情、拓宽眼界、愉悦身心。重新激发对生活的热情，有助于夫妻感情的增进。

中年"性"福

在婚姻的任何时期，"性"都是婚姻中不可分割的一部分。很多女人错误地认为绝经以后就不需要过夫妻生活了，拒绝丈夫的要求。然而性欲是由脑丘体控制的，绝经只代表了生育功能的结束，性欲是不会因为绝经而失去的。当然男士也可能会有阳痿、早泄的现象发生，这些都是影响夫妻感情的因素。有些夫妻以此为由吵架、冷战甚至出轨。

其实，正确地认识到这些生理和心理现象，对于夫妻双方都是非常必要的。如果夫妻双方能够互相理解和包容，有相同的观念和行为，那么很多问题就可以避免。

放孩子远行

此时孩子都已经长大了，他们需要有自己的世界。找工作、找伴侣、饮食起居、生活交友都需要自己做主。我们需要知道，这个世界上所有的爱都是为了相聚，只有一种爱是为了远行，那就是父母对子女的爱。父母应该明白，孩子的成长要交给他们自己，给他们时间和机会，把主导权归还给他们自己。两代人的思想和观念是不同的，我们可以给出建议，但怎么选择是孩子的事情。孩子需要父母像个朋友一样，而不是家长的身份去命令。这个时候与孩子建立亲密关系，就会使两性关系更和谐。

过去夫妻双方的生活重点和经济支出都是以孩子为主，

此时应该教会孩子自食其力,成为自己生活的主角,杜绝孩子啃老现象的发生。夫妻两人可以旅行度假、休闲养生、甚至是发展自己的兴趣爱好,准备晚年生活。

第五阶段:人间晚晴

最美不过夕阳红,人间晚晴最珍贵。过去,白头偕老对于大多数的夫妻都是相对容易的。而今天,随着生活水平、医疗水平以及人们养生意识的提高,人们的平均寿命逐年增长。白头偕老意味着相伴的时间会越来越长,能够携手走进晚年婚姻,对于夫妻两个人都是很大的考验。婚姻的任何时期都需要经营和巩固,即使是老年婚姻也依旧如此,仍然需要我们做一些努力。

退休后的岁月

进入晚年婚姻,一般都要结婚 35 年以上,这个时候的夫妻双方往往都进入了退休的阶段。

此时的孩子们也成家立业,老人将要面临的是双重角色的丧失:一方面是社会角色的丧失,也就是体现社会价值的工作职位,因为退休的到来而丧失;另一方面是家长角色的丧失,孩子们组建自己的家庭,不再听命于这个大家长。因此,老人很容易出现无力感、无价值感。他们失去了与社会链接的机会,会变得敏感,容易自我否定,陷入抑郁状态。

当然这不是绝对的现象,一些老年人退休以后的生活也很丰富多彩,我们提倡老年人的晚年生活依然要有计划。希望他们能够参加一些社团活动,做力所能及的事情,一方面可以减轻儿女的负担，一方面可以充实生活。很多的儿女等到老人退休就想让他们什么都不要做，只享受生活就好了，这其实是不可取的，让他们继续参与社会，保持乐观豁达的生活态度可以帮助老年人更加健康长寿。

"少来夫妻，老来伴"

夫妻双方经历了风风雨雨，爱情早已变成了亲情、友情、恩情。老年人由于身体的原因，情绪会出现不稳定的状态，老年人神经敏感，也会出现小心眼"老小孩"的现象，拌拌嘴吵吵架也是有的。这时，夫妻相互的理解和支持是十分必要的，不断地调整自己的情绪，这样有助于健康。

很多身体好的老年人，仍然可以保持夫妻生活，他们依然享受着夫妻生活带给他们的乐趣和幸福。有条件的，可以让父母单独居住，远离儿女的生活可以减少老人与孩子间的矛盾发生。如果孩子需要帮忙照顾孙子也是可以的，享受儿孙绕膝的天伦之乐。但要量力而行，一切以身体舒适为宜。老年人身体出现小毛病是在所难免的，老伴老伴，就是常伴左右的人，要互相体谅，互相照顾。

晚年"战友"情谊

很多儿女为了照顾老人方便，把父母接到身边，远离自己原来的生活圈子，这样的做法对老年人是极为不利的。多年的邻里街坊，建立了深厚的"战友"般的情谊。同龄人在一起总是有说不完的话题。他们的经历与感受是同步的，既可以回忆过去，又可以倾吐心声。还可以交流生活经验，养生秘诀。从他们中间获得的支持会让老年人心情舒畅。这是年轻人不能给予的。

生活规律

对于老年人来讲,有规律的生活是很重要的,每天我们可以看到公园里有很多结伴锻炼的老人,那画面真的很美。一起锻炼,一起回家,相互照顾,相互陪伴。好过那些待在家里看电视、打牌的方式,适当地做一些锻炼还是必要的。

丧偶老人

我们都希望夫妻两人相伴一生,但是意外和疾病你永远不能预测哪一个先来。如果不幸,其中的一个先走了,也要保持乐观的心态,有条件的子女可以帮助老年人重新寻找一个伴,毕竟子女的爱是无法代替老伴的关怀的。

婚外情

美满的婚姻是每个人的愿望,也是每个人的期盼。然而婚姻自始至终都是约束人的本性的。从最初的相爱到组建家庭,每一个环节都是"机缘"决定的,有什么样的机会就会遇见什么样的伴侣。机缘有时候会带来很多缺憾,那就是你永远都有机会遇见更好的那个人,你永远都有机会可以重新选择。婚姻以外的诱惑无处不在,留在婚姻里的人,怎样去经营夫妻关系,避免婚外情,使婚姻长久是一门重要的功课。

自由择偶的风险

古时候的婚姻讲求的是"门当户对""父母之命""媒妁之言",两个人、两个家族间的匹配度极高,人们的社会活动单一,机会风险的存在很低。改革开放前,人们的婚姻大多是以经济共同体的形式出现,一个人的收入无法满足一个家庭的开支,人们必须结伴过日子,养儿育女。如今这些纽带都不存在了,时代在变、社会在变,人们的观念、心理都在变化,自由选择带来的是更多的挑战,浪漫爱情往往让人冲昏了头脑。我不反对闪婚,但是闪婚的确给婚姻带来了不稳定的因素。它包含着性本能的冲动,和烂漫爱情的虚幻,一旦潮水退去,一切恢复平静,看到的未必是自己想要的，留下了很多遗憾，这是很多婚外恋最初的隐患。我们建议双方婚前要有充分地了解和必要地接触，这样会给婚姻带来更多的稳定性。

夫妻角色错位

每个人在家庭中的角色都是一个变化的过程。两个人的世界与外面的世界是相辅相成的。选择成为伴侣，就等于选择了对方的全部需求和期待。当然一个人的所有需求，是伴侣无法全部满足的。有一部分的需求是需要与婚外的异性交往中才能获得的。但是很多时候婚外的异性交往，不被接受和认可，于是人们总是带着愧疚去相处，久而久之就将"婚内的角色"与"婚外的功能"相混淆。当事人很容易失去分寸和理智。

当这样的情况发生的时候，要清楚自己的角色。冲动只是一时的迷茫，清醒过后，道德和伦理的约束将是长久的。有约束才有自由，当你迈向了离家的那一步，那么悔恨就离你更近了。

还有一种角色的错位，就是夫妻、父母以及孩子的角色错位。这样的现象有时候是原生家庭带给我们的缺憾，从小缺少父爱，缺少母爱，我们很自然地把自己的需求投射到对方的身上。希望对方给我们像父母一般的爱。还有一种可能是，原生家庭中被照顾得很好，孩子长成了父母的心态，总是想要关心照顾别人等，这些都是会影响男女双方的家庭生活中的角色扮演。这些需求一旦不被满足，就会外求。

灵魂匹配

在 25 岁到 30 岁的时候遇见的伴侣，若干年后彼此是否还能同频？婚姻在各个时期都有不同的意义，过去的婚姻是生育共同体、经济共同体，而今天的婚姻变成了心理文化的载体。社会的竞争加剧，职场压力、生活压力都让人们对婚姻有了更多的期待，人们希望能够从婚姻里获得更多的思想交流、心理安慰、情感补给。

在今天，人们的生活水平普遍提高了，在温饱已经不是问题的前提下，人们越来越多地开始关注心灵的成长。夫妻间不仅仅是外貌、文化、事业、性格等方面的匹配，心理以及灵性层面的沟通更是人们追求的一个方向。因此，夫妻的同频成长在婚姻过程中显得尤为重要。

婚姻形式的变化

改革开放以后，人口流动较以往任何一个时期都更加明显，很多农村的人口纷纷涌进城里务工。市场化的经济也带动了市场化的婚姻，"周末夫妻""月底夫妻""年底夫妻"等多种现象开始出现，很多的夫妻出现了聚少离多的现象。

而夫妻之间是需要思想、心理交流的，独在异乡难免让人产生孤独、落寞的情绪。而如今人们观念的开放、媒体的刺激、道德风尚的约束逐渐减弱，一个人只身在外，难免会有一些孤独感，很多婚外情就是在这样的情况下产生的。

还有一些人，挣到了一些钱，见了世面、扩了眼界，看到家里的那个人，开始嫌弃，甚至是抛弃。随着社会包容度的扩大，他们不顾及道德伦理，有些人不以为耻，反以为荣。这些新现象正考验着很多婚姻家庭。

日久生情

"日久生情"，顾名思义是要相处久了才会生情。"人非草木，孰能无情"，别说是人了，就是自己养的宠物时间久了都会有感情的，这样的现象多发生在办公室里。很多的心理学家和社会学家都试图解释过"办公室恋情"，两个人在一起工作久了，有共同的目标、共同的话题。在一起互相尊重、互相鼓励、互相支持。工作在一起、吃饭在一起、甚至出差也在一起。除了回家的时间，大多数的时间都在一起。

性别磁场的作用，异性相互吸引，久而久之就会产生莫名的情愫。尽管双方可能都有了自己的家庭，可是人们常常会比较，谁更善解人意、谁更包容……理性和感性仅仅一步之遥，有时候本能的、感情的、道德的心理交织在一起。因此道德的约束和责任的提醒更为重要。

婚姻的价值取向

很多人走进婚姻是为了不同，如今老夫少妻不再是新鲜的事情了。年轻人的观念与以往的择偶观念大有不同，一方面是现实生活的压力和浮躁，另一方面是媒体舆论的导向以及社会包容度的不断扩大。

很多年轻人喜欢不劳而获，他们向往一种衣食无忧的生活。这种生活会带给他们带来物质层面的极大满足。通常年轻人的群体中很难有合适的人选，那么择偶就趋向较大的年龄差距。媒体上明星们的花边新闻总是能够刺激到很多年轻人的眼球，而社会正在以一个极大的包容度在接纳着所有的现象。

不同的价值取向的人走到一起，从开始就隐藏着很多的危机在其中。如果夫妻双方没有足够的准备，那么可以取代条件的因素可以有很多。一旦条件可以被替换，婚姻将不再稳固。

因此，众多问题的出现也就不足为奇了。

虽然，我们都不愿意看到这样的事情发生在婚姻关系里面，但是，每年不断上涨的离婚率也在不断地提醒我们要关注婚姻的常识，才能有效地预防和规避婚姻中的风险。

婚姻的解体

婚姻的解体从古到今一直都是存在的。除去配偶一方死亡的婚姻解体以外，所有的婚姻解体都可以看作是婚姻过程中的事故。婚姻的解体无论是对社会还是家庭都是有影响的，它涉及婚姻财产的分割，涉及子女的抚养、社会资源网络，亲属关系，等等。还有一些环境学家发现日益上涨的离婚率会给环境带来很大的压力。重新组建家庭对用水、用电以及住房资源都会较从前有很大的浪费，给环境和资源带来了压力。

即便是这样，也阻止不了一些人毅然走出婚姻的脚步。绝大多数的夫妻走到这一步，一纸离婚协议，写的大多数都是性格不合，这几乎成了婚姻失败的谎言，那究竟是什么导致婚姻如此脆弱，最终走向了分裂呢？

婚姻中的突发事件

重大事件过后，夫妻双方在心理上的创伤。这里所指的重大事件，包含破产、暴富等经济因素，或者一方身体疾病，一方情感不忠等。这些突发事件，会考验婚姻双方对待婚姻的态度。最初彼此的承诺，无论是贫穷富贵，健康疾病都不离不弃，在这些重大事件的面前就是最好的验证。

文化价值观的不匹配

大多数人所谓的性格不匹配,很大程度上是指文化层次的不匹配,以及价值观念上的冲突。人是一个动态发展的个体,需要不断地提升和适应环境。夫妻双方是需要共同成长的,如果同一个人停留在最初的地方,另一个人不断地远行,那势必会渐行渐远。近年来很多婚姻破裂都是因为文化的不匹配,缺少有效地沟通和共鸣。当然,人在不同阶段的价值观念也有不同,如果没有相同的价值观,也很难步调统一。

性生活的不和谐

性不是婚姻生活的全部,但是它是一个不可或缺的部分。夫妻之间性生活的不和谐有很多原因:生理的因素,一方有身体疾病的,另一方不能谅解的。情感的因素,走进婚姻不是以爱情为基础的。异地分居因素,随着经济的发展,人们的活动半径不断地扩大,异地夫妻、周末夫妻越来越多。夫妻之间对于性的需求不能得到满足,就会诱发很多事件的发生。

这许许多多的事件的发生都在提醒着年轻的、还未走进婚姻的人们,婚前的审慎是多么的重要。任何的婚姻解体都会对夫妻双方在经济上、心理上、精神上造成伤害和代价。单亲妈妈的生活工作的压力以及未成年子女的教育问题,是这众多问题中的主要问题。即便夫妻双方已经很努力了,但是对于子女的伤害仍然是不可估量的。

客观地看待婚姻问题。结婚自由和离婚自由是体现婚姻自由的要素，离婚在很大程度上体现了男女平等的进步。同时，它也维护了妇女的尊严和权益。但是不可回避的是婚姻解体带给家庭和社会的冲击是巨大的。

近年来，在离婚登记处也有这样一种现象，那就是复婚。据一些婚姻登记处的人员统计，每年再婚者的队伍中，有5%的结婚对象是破镜重圆的夫妻。这也说明了，有一部分人在面对婚姻的时候缺少冷静的抉择。因此，在面对婚姻危机的时候，需要夫妻双方更多的沟通和理智地对待，尽量避免婚姻解体现象的发生。

——— 第二部分 ———

孩子的说明书

为什么要了解不同时期孩子的心理特征

婚姻家庭的两条主线：夫妻关系和亲子关系。传统的婚恋价值观中，娶妻生子是婚姻家庭的主旋律。当适龄的男女组建家庭以后，就是孕育新生命的开始。从怀胎十月到孩子呱呱坠地，这既是一个等待生命的过程，也是一个实习准备的过程。任何一个职业都有实习的可能，只有父母这个职业是直接上岗，而且是永不退休的。

当一个新生命降临的时候，我们总是满怀希望和企盼。希望他快快长大，希望他能拥有不平凡的人生，希望他能健康快乐。于是很多美好都投射到了孩子的身上。很多的父母会发现孩子总会不如我们希望的那样去发展。孩子明明知道有些行为是父母不喜欢的，也是不应该去做的，可是还是乐此不疲地去做了。为什么呢？很多的社会学者和心理学家发现，其实孩子并不是想要犯错，而是有一样他们想要的东西没有被满足。可能对于每个孩子来说，他需求的东西都会不同。而这个不同的东西，就是孩子的心理需求未被满足的部分。

因此，我们有必要将孩子的不同阶段的心理需求，告知那些新手父母，让他们在源头上给孩子充足的心理营养。一个人的身体成长与心理成长要同步，甚至是心理的成长要优于身体的成长。

身体的问题是可以靠医学手段解决的，心理的问题则是大多数人难以攻克的难题。近年来，很多的媒体报道年轻的生命早早地陨落，我们在惋惜的同时，是否想过该怎么样扭转这样的困局，孩子的内心该如何去建设和修复？

我想如果能有更多的父母，了解孩子在不同阶段的心理变化，得到有效的方法去引导和帮助这些孩子，那么幸福的家庭就会越来越多。当人们发现孩子出现行为问题的时候，若我们只专注在孩子问题上，那只能是解决了一个问题，又出现了下一个问题。这就像是一盆花，叶子黄了，我们就不停地修剪枝叶，但问题可能出现在根部，外在只不过是内在问题的呈现罢了。因此，我们逐一地把孩子的各个阶段的心理需求解析给更多的父母，让他们更懂得孩子，从而让更多的家长在孩子出现问题后能从源头着手。

0 到 4 个月

在孩子刚刚出生的时候,他们是不能意识到自己跟妈妈分开的。为什么孩子一出生会哭呢?因为他离开了他熟悉的那个子宫,环境被改变了,因此感受到了不安全感和恐惧,但是他们仍然认为自己与妈妈是共生的。他们并不认为与妈妈是分离的。孩子需要我们无条件地关爱和呵护,他们需要我们在心理上的认同,孩子会认为:"此时我是最重要的,爸爸妈妈要无条件地接纳我。"

这个时期的孩子,渴了就要喂水,饿了就要喂奶,拉了、尿了、不舒服了就需要帮忙整理,热了、冷了就需要加减衣服。不需要条件,只要无私地给予就好了。孩子是很聪明的,他会用自己的方式来唤起父母的注意,告诉他们自己的需求。这个时候的需求,大都是自保层面的需求。他最需要父母无条件地付出。作为父母此时能给的就是无条件的爱,不管怎样我都接受你的状态。不用去想他长大后是什么样子,会不会淘气,会不会孝顺。

孩子在这个时候,胃是很小的,我们既不能喂多,也不能让孩子饿着。有的父母会嫌孩子总是要吃,在孩子饿了的时候,故意不给吃,认为让孩子饥饿感再强烈一点,孩子才会吃得更好。有的年轻的父母会查阅一些育儿资料，按时间、按量喂奶。其实这些做法我认为都是不符合孩子的心理需求的，是不可取的。再小的孩子都是知道饱和饿的，他饱了自然会把注意力投放到其他方面的能力发展上。如果他总是饿着肚子，那么他的注意力就会总是放在温饱上，其他的能力发展就会受到限制。

这个阶段孩子对母亲的需求是绝对的，任何人都无法替代的。生过孩子以后大多数的母亲体内会分泌两种物质：一种是荷尔蒙，在奶水中满足孩子的生理需求；另一种是本体胺，会让妈妈有满足感，愿意为孩子付出一切，让妈妈发自内心地欣赏和接纳自己的孩子，在生理上会用这样的方式，去满足孩子需求。这种物质三个月后就会消失。

但是不是所有的人都可以分泌这两种物质的，这要看母亲的心理健康程度和情绪的稳定程度了，因此，妈妈拥有一份好心情和健康的心态，对于孩子来说是最大的幸福。

有一些母亲刚做妈妈就会产生焦虑，孩子与自己的分离，以及孩子每天琐碎的需求，会把妈妈牢牢地捆绑住，一旦有一些情绪不能得到有效地释放，家庭内部就容易出现矛盾，很多夫妻发生矛盾都是在这个时候。如果在这个时候，父母关系不和谐，总是吵吵闹闹，没能及时照顾孩子，那么孩子就会在他成长的过程中，去寻找一个可以让他感觉到安全感的人，来替代他对父母的依赖。

孩子最初会本能地选择爸爸妈妈，但如果爸爸妈妈不能满足孩子的心理需求，他们就会去找爷爷奶奶，甚至是老师或者其他的长辈以及他信赖的其他人。从他们的身上得到孩子想要获取的爱和关注，希望成为这个人生命中最重要的人。如果他一直都没有找到，他就会一直寻找，他的一生都将在寻觅，直到找到为止。

上小学的时候，他有可能去找老师，努力付出，希望得到老师的爱。上中学，他可能就早恋了，他总是希望在他认为重要的人心中是有位置的。他想找到那种"我最重要"的感觉。希望有人在乎他，希望在别人心中自己是重要的。他们会带着这样的疑问，不断地求证，我是不是重要的？我们会发现很多的成年人，走进了婚姻还是会经常觉得不安全，不确定对方是不是爱自己。这无形中就给自己的生活增添了很多的烦恼。不单单是婚姻中，在人际交往中也会显得不那么自信，那么他们就不太可能专注在一件事情上，总会被一些事困扰和牵绊着。

作为父母，我总会以为孩子还小，他不懂得父母的情绪，但其实孩子的觉察力是很敏锐的。2个月的宝宝就可以识别大人的脸色了。因此父母在这个阶段要做的就是，给孩子无条件地爱，让他感受到在爸爸妈妈的心中是最重要的。对于一个人来说，最本源的愿望是被人喜欢、被认可、被赞美。如果得不到满足，低自我价值感会是孩子一生的注意力方向，他会不断努力证明我是值得被爱的。

4个月到10个月

一般情况下,孩子从出生后第 4 个月开始逐渐地建立安全感。孩子与妈妈的生理分离,从剪断脐带的那一刻就已经完成了。而心理上的分离则是从孩子出生后第 4 个月开始逐渐被建立的,这个时候也是孩子要跟妈妈剪断心理脐带的时候。这个时段如果孩子能够建立充分的安全感,孩子在很多方面的能力就会充分地发展出来,比如独立,比如自我价值感。

但如果孩子缺失安全感,他就会表现出情绪不稳定、喜欢控制、喜欢命令、哭闹等情况。如果在青春期,孩子就会出现早恋、离家出走、打架等一系列的偏差行为。我们不难发现即使到了成年的时候,还会有很多女人喜欢控制孩子,控制老公,这都是缺失安全感的现象。

4 个月到 10 个月是孩子多项能力的发展阶段,在 0 到 3 个月的时候,他可能感兴趣的事情并不多。然而到了第 4 个月,孩子就开始对自己和环境开始了一次探索之旅,也就是我们不得提及的一个时期——儿童敏感期。

孩子在 4-10 个月的时候是学爬的时期,你会发现孩子在最初,他会试探着爬出去,觉得不安全了,离妈妈远了,就会爬回来,安全了又出去,不安全了又回来,反复练习。

处在这个时期的妈妈一定要情绪稳定,你的焦虑、不安同样会被孩子察觉的。实际上只要妈妈在这个时候陪在孩子身边,观察孩子需要什么,然后满足他,就是孩子安全感最好的保障。

生活中常常有这样的爸爸妈妈,心情好的时候,回到家里对孩子又是拥抱,又是亲吻。心情不好的时候呢,孩子走过来:"去去去,找奶奶去,找妈妈去,找姥姥去……"事实上,孩子是最容易表达出自己的需求的,当他来到父母的面前,恰恰就是他需要父母的时候,此时如果孩子的需求不被满足,他就会反抗甚至是哭闹,而这并不是孩子无理取闹。

在这个时期,家庭环境的和谐将是给孩子最好的礼物。最近比较流行的一句话是:"给孩子最好的爱就是爸爸爱妈妈。"孩子是能够感受到父母之间的和谐和爱的流淌的。相反,如果父母经常吵架,孩子就会莫名地恐慌和紧张。他会觉得害怕,当他无法表达自己的害怕时,就会用很多异常的表现来引起父母的注意。我们会发现很多小孩子,突然生病,或者哭闹不止。这些都有可能是它本身的不安全感在作祟。

孩子从平躺到翻身,再从翻身到坐立,从坐立再到爬行,每一次的跨越都是一次重要的成长,成长的背后需要有更多安全感的支撑。这样他们才能更好地去探索世界。

10个月到2岁

10个月到2岁的时候,孩子需要体验的是:恐惧

在经历了10个月的探索和努力,孩子在这个时候开始能够自己站立。有一些孩子可能已经开始尝试着走路。当他们可以离开自己这样一个圆点,去更远的半径活动时,难免会触碰很多的危险。有些恐惧是客观存在的,有些恐惧是人为给孩子添加的。

一般的情况下,这个时期的孩子们都开始学习走路了,孩子走路摔跤跌倒都是正常的。可是我们也发现,很多的母婴店里摆出了很新奇的玩意儿:比如学步带,比如学步车。这些东西的出现体现了父母们害怕孩子摔倒的心理,无形中也阻碍了孩子逆商的发展。有的父母甚至是限制孩子的自由行动。孩子刚刚一迈步就叮咛嘱咐:"小心!摔着!"

事实证明,人们的很多恐惧并不是事情本身带给我们的。而是我们无法遇见恐惧的样子。我们成年人也可以思考一下,我们为什么恐惧?以死亡为例,我们每一个人都害怕死亡,是因为什么?是因为我们不知道死亡后会怎样。就像有人怕黑、怕鬼,但是真正一个人从黑夜走过又会怎样?害怕鬼,真的有人过见鬼吗?所有的恐惧都是来自我们对未知的不了解,所有的恐惧都是流言传来的,都是我们无法去预

知将要发生什么导致的。

恐惧是人们探索未知的动力。孩子若学会走路,就会给看护者带来很多的挑战。比如:一眼关照不到,孩子就有可能去拔插头、抠插座、甚至去碰热水……最初他们是不怕的,他们对未知充满了好奇。这时,爸爸妈妈或者是爷爷奶奶一句:"别动,会电到你!别动,会烫伤你……"

孩子感受到的是比事实大 100 倍的恐惧。他们从家长的神情、语言得到的信息是:"这是一件天大的事。"内在产生恐惧就会让他们停止行动保护自己。我们研究发现经常被恐惧包围的孩子长大后会胆小懦弱,遇到事情更容易退缩。

事实上,面对恐惧最好的办法就是直接面对。例如:害怕孩子被开水烫到,我们也不需要那么紧张,用稍微热一点的水淋在他的小手上,让他自己感受。他感受到的是你用任何语言都无法传达的,而不是用夸张的语言和表情去带给他恐惧;例如怕孩子被电到,我们可以找一些小视频让孩子看,让他对触电后将要发生的情况有一个正确的认识。无论是学习走路还是让他们去探索世界,我们要让孩子在安全的范围内得到充分的体验,这样他才能始终拥有一颗保持探索的心。

我的孩子小时候有一次从床上掉了下来,姥姥很着急。其实床很矮的,根本摔不坏。当孩子下一次再爬到床边的时候,姥姥就会非常的紧张,想要去阻止他。这一次被我拦住了,我想看看他这一次要怎么做。我在地上放一个抱枕,当他爬到床边的时候,并没有像第一次那样直接下去,而是调转了方向,双手抓着床单,用脚尖试探着下床,一次没碰到地,再来一次,直到脚尖碰到抱枕。一只脚下来以后,另一只脚也下来,最后才放下拽着床单的手。就这样他学会了下床,其实也没有那么可怕。在这个过程中,他建立了自信心,他用自己的行动证明了自己的能力。如果我们阻止了他这样一个动作,并且不断地强化他"床边是危险的"的认识,也许他摔下床的机会还会大大增加,或许他会一直对下床这件事充满恐惧的。

但事实上,我们完全低估了孩子的个人能力和承受能力。养孩子要把成长的责任留给孩子自己,经验是不可替代的,过程是不可超越的。

2岁到4岁

　　这个年龄段的孩子的特点是：一面非常依赖亲人；另一面又非常独立。他（她）会经常说不、不要，这是锻炼孩子对自己负责的时候，不要的时候就要为自己的决定去承担后果。同时，此时也是他们建立自我意识的非常重要的时期。

　　处在这个阶段的孩子，父母最大的难题就是孩子的吃饭问题，我们总是会看到爷爷奶奶追着孩子喂饭、追着孩子喂水。经常有父母问起这个问题，用什么样的办法孩子才能好好吃饭，不让大人操心？其实这个问题真的不是孩子的问题，而是父母的问题。父母给孩子养成什么样的生活习惯，孩子就会按照惯性去执行。

　　怎么样解决呢？

　　到了吃饭的时间，孩子就是不能好好地坐在餐桌前吃饭，怎么办？那就通知到孩子就可以了，告诉他已经开始吃饭了，你可以选择不吃，但是在这顿饭和下顿饭之间是没有饭吃的，错过了这顿饭，到下顿饭之前你就只能饿肚子了，让孩子自己去选择。如果孩子选择乖乖地坐在那里吃饭当然是好事，但如果孩子不来吃饭，父母就要做到"温柔而坚持"。坚持是在孩子有不当，或者不安全的行为时坚决制止。温柔是当我们制止孩子的时候，态度上不应带有批判指责的情绪。这是孩子自己的选择,要让他学会对自己的选择负责。事实上一顿饭不吃,孩子是不会被饿坏的。就怕很多父母心疼孩子,总是追着孩子问饿、问冷。吃饭睡觉这类生理层面的需求,孩子是可以自己表达的。父母若一再执着,就会对孩子的规则感的建立产生负面影响。

还有些父母总是焦虑,把孩子的问题看得很严重,总是不断地强化孩子不爱吃饭的事实。孩子潜意识里会认为"我就是一个不爱吃饭的孩子"。本来不是问题的问题,变成了一个大难题,其实只不过是父母人为地让这样的不好的习惯恶性循环。孩子既要有选择的自由,也要有承担责任的决心。

让孩子学会为自己的选择负责,对于孩子来说意义重大。近年来不断涌现出一种现象,很多"官富二代",出现了很多问题,不断地被媒体曝光,最本源的问题是:"啃老"。他们的奢侈生活与自己的付出不成正比。而为什么会出现啃老问题呢?多半是因为孩子没有学会独立和有责任感。

在孩子很小的时候,这种责任感是很容易被建立的,但是如孩子成年了再去建立这样的规则,对于孩子来说则是非常痛苦的。这就好像是:父母已经把孩子养得生活不能自理了,到了该让孩子放飞的年龄,他还没学会走路,就让他快跑。所以,要从小培养孩子的责任感。

在中国,很多孩子是在 3 岁左右这个年龄段被送去幼儿园的。我们可以看到每年开学季的幼儿园,上演的一幕一幕都是"伤别离"。孩子闹、父母哭、老师无奈。原因是，我们没有给孩子建立一个健康的分离方式，而是把孩子与父母的分离强行施加给幼儿园和老师。在国外，孩子入学的条件是完成与父母的分离才可以的。这样会缩短孩子入学的适应期，同时也能有效地帮助孩子建立安全感。

还有一种极为不科学的分离方式是很多父母在做的。有些家长为了出门不让孩子跟着，常常偷偷地走。孩子有时可能正玩得高兴呢，忽然发现爸爸妈妈不见了，惹得孩子撕心裂肺地哭闹。这种方法远比让孩子看见亲人离开带来的伤害要大。他们会加恐惧，原来爸爸妈妈是可以随时不见的。与其这样，倒不如告诉孩子爸爸妈妈的行踪，以及回来的时间。这样孩子不能接受的是当下的分离，但他知道这只是短暂的。

此外，还有一种情况也是比较常见的：很多家长为了不让孩子跟着自己出门，总是用威胁或者恐吓的方式。例如："爸爸妈妈被大灰狼叼跑了，你不能去，你去了也回不来了""爸爸妈妈去打针，你要是去了，医生也会给你打针……"诸如此类的话语。其实要给孩子一个正确的分离方式，才能让你的孩子更好地面对分离，否则他们一直都在逃避，如果父母每次都不忍心，甚至用错误的分离方式，那么孩子就会产生分离焦虑。这将是一件非常糟糕的事情。在后面的部分我们还会提到关于分离的方法。

4岁到6岁

科学家们发现，一般人的记忆是4岁以后更加清晰，孩子4岁时已经有了充分的自我认定，他们会不断地问自己我是谁？我是男孩还是女孩？我可爱吗？我有价值吗？我能做点什么？

同时他们也会开始对自我价值有所认识，主观地认为什么重要，什么不重要。而孩子的价值观念，多半来自父母价值观的传承。我相信每个人的出生都是自己选择的，每个生命的结束也是自己选择的。可是我们不能避免的是父母以及家庭对我们的影响。

4到6岁，孩子们的心理需求是：肯定、赞美、认同。在0到3岁的时候，孩子对母亲的依赖明显要比对父亲的依赖要多，母亲的陪伴和照顾会给孩子们带来很大的安全感。进入4岁的年龄，孩子们的目标似乎有些转移，他们更希望建立与爸爸的联系，所以此时也是爸爸与孩子建立亲密关系的最佳时期。孩子开始喜欢被爸爸关注，喜欢与爸爸亲近，喜欢被爸爸肯定。如果爸爸能够捕捉到孩子这样的心理需求，给孩子更多的关怀和陪伴，孩子的自我价值感和自信心就会大大增强。因此，我一再强调父亲回归家庭教育的重要性。

目前，有太多的家庭，父亲是很少参与孩子的教育的。很多爸爸爱孩子，但不一定和孩子亲近，平时没有时间跟孩子沟通交流，一见面便总是教导！此时关系比教导更为重要。当下，很多男孩子性格越来越阴柔，没有那份坚强和勇敢，很多女孩子也失去了女性的温柔。很多社会学者和心理学家发现，发生这些现象的最根本原因是，父亲在家庭教育中的缺位。

我们可以观察下身边的孩子，当他做了一件很小的事情，得到了爸爸妈妈的认可和欣赏，他会乐此不疲地重复去做这件事。例如孩子可能无意中帮助爸爸妈妈倒了一杯水，妈妈夸奖孩子真能干，是个孝顺的好孩子。孩子就很有可能经常帮妈妈倒水。每个人都不会拒绝一个欣赏自己的人，如果付出又得到了回报那么付出就是有价值的。孩子需要父母以及家人的认可和赞美，尤其是来自爸爸的肯定。

孩子是一个家庭的未来，孩子的成长是不可逆的，错失了就很难挽回。任何事业的成功都无法弥补家庭教育的失败。陪伴、接纳、欣赏是给孩子最好的礼物。

6岁到10岁

孩子到了6周岁的时候，通常就步入了小学的校园。进入小学往往就意味着孩子们的求学生涯开始了。小学的生活与幼儿园截然不同，更考验孩子的独立性和适应能力。进入小学，孩子的成长也进入了一个飞速发展的时期。此时，孩子需要的是爸爸妈妈的陪伴和支持，他们的心理需求是：一个榜样的力量。

孩子上了小学后，就开始真正意义上的独立接触社会了，他们需要自己去处理与其他孩子之间的关系，需要自己照顾自己的生活，解决"当我遇到困难的时候我该怎么办？""当我心情不好的时候我该怎么办？""当有人欺负我的时候我该怎么办？"等现实问题。

大多数的父母都不会教孩子怎样去应对问题，他们以为学校会教，然而学校有各种考核和学习的任务，对孩子的德育教育是不足的。孩子的德育教育无法服务于孩子的成长，靠孩子自己去摸索显然是不够的。这个时候，父母的示范作用就显得尤为重要，他们需要一个模范带领他们的成长。

让孩子有时间去模仿父母。把生活中的智慧和经验，甚至是父母的交际圈子都要传授给孩子。在中国往往会有这样一个误区，孩子上了学以后，父母几乎就阻断了他所有与外界的联系。父母只要求孩子学习成绩好。可是我们忘记了，所有的学习最终是要服务于生活的。生活是要与人、事、物建立联系的。如果到最后孩子的核心竞争力只剩下了成绩，那么比自己成绩好的人一定大有人在，我相信那个时候孩子所要承受的打击将是致命的。任何技术层面的东西都终将被科技所代替，那么孩子将以怎样的姿态去面对未知的世界？我想今天教育孩子，我们更应该注重的是孩子的综合素养。

近些年，不断有霸凌事件发生在校园里。在我们同情孩子的遭遇的同时，不禁要拷问父母，有没有教会孩子如何面对这些问题？我们把目光放在这些被霸凌的孩子以及孩子背后的家庭，就会发现被霸凌的孩子都有一个显著的特点，那就是看上去内向、软弱、退缩。反观孩子出现这些表现的原因，多半是因为在家庭中没有得到认可，没有自由，长期被压抑的结果。长此以往，孩子变得随波逐流、麻木不仁、习得性无助。很多孩子受了委屈后不敢与父母诉说，原因有几个：1. 说了以后得不到有效的帮助还会被骂无能；2. 跟父母诉说以后，父母找到对方孩子的父母，孩子会被报复。

发生这样的事情，孩子往往会非常的无助，我们每天都在说教育，那么教育体现在哪里呢？我想应该是在那些突发事件发生时孩子的应对模式，体现了一个家庭的教育成果。我们不仅要教会孩子知识，更要教会他们常识。这样孩子们在面对这些事件的时候，才会临危不乱。这个榜样就是父母本身，让孩子去模仿，去学习。

我们要做的是：

1. 培养孩子积极阳光的生活态度，主动乐观地面对困难我们会发现很多孩子被霸凌，在于它本身消极的态度，习惯性的退缩。当一个孩子充满阳光，积极地面对冲突的时候，就会有不一样的结果。

2. 教会孩子沟通的语言

当孩子感受到对方有侵犯性的语言时，教会孩子用恰当的语言表达自己的不满，并且寻求与对方核对的机会，以获得和解的机会。从而消除矛盾和冲突。

3. 寻求帮助

首先，当孩子遭受到人身攻击的时候学会寻求帮助，例如：大喊大叫，唤起身边人的注意，或者借助老师和同学的力量帮助自己解除困境。其次，要对环境和安全作一个预测，不要单独的跟一些"不够友好"的孩子去僻静的场所。

4. 多交朋友

我们发现很多孩子，尤其是那些具备欺负人的能力的孩子，他们都是有很多朋友的。有时候群体活动的孩子比单独活动的孩子更安全，他们会在群体活动中找到自己的位置以及集体的帮助，从而获得力量。

孩子最开始的学习就是从模仿开始的，父母是孩子最好的榜样。孩子需要指导而不是指责，需要训练而不是训斥。

10 岁到 19 岁

世界卫生组织最新公布的数据显示，10 岁到 19 岁是孩子进入青春期的年龄，也是目前在家庭教育中重点难点的阶段。很多父母用"叛逆"这个词语来形容这个阶段的孩子。其实这是很多父母不了解青春期孩子的特点，从而杜撰出的一个形容词。青春期的矛盾主要有四种：

1. 独立与依赖的矛盾
2. 理想与现实的矛盾
3. 开放与封闭的矛盾
4. 自负与自卑的矛盾

父母关注这些矛盾，往往只关注了事物的表面，而忽略了孩子的心理需求。在这个阶段，孩子需要的心理需求是尊重、信任、自由选择。孩子充分建立了自我意识以后，就渴望被尊重，而父母如果不懂得尊重孩子，孩子的自我价值感就会降低，不断地自我否定，甚至会出现很多父母害怕的"逆反"现象。

尊重孩子，从一言一行开始，像"借""可不可以？""请""好不好？"这样的词语要多用，满足他们对自尊的需求，少用命令式的语句。相信他们的判断，多给他们自由选择的机会。

注意力方向产生成果，例如爱美的女人，经常保养，她把注意力放在自己的脸蛋上，岁月流转，比起同龄人她的容颜自然看起来年轻一些，这就是她的成果。在教育孩子这件事上，与美容护肤是同样的，没有捷径可以走。可是我们很多父母教育孩子只看重现在的成果，孩子语文怎么样，数学多少分，而忘记了我们培养孩子，实际上是要一个未来的成果，你想让他成为一个什么样的人。他的兴趣和注意力方向才是我们培养的重点。

　　我们在帮孩子选择兴趣班的时候，有一个很有趣的现象，如果是孩子感兴趣的，他们自己选择的，那么条件是由家长开的。但是如果孩子不感兴趣，按照父母的意愿选择，那条件是由孩子开的。例如：学钢琴这件事，学钢琴本身是很枯燥的，需要每天练习坚持很多年，还要把乐谱都记下来，每年还要考级…如果是孩子自己选择的，他就一定会坚持。那么假如孩子不愿意学习，是家长逼迫的呢？他就会有无数个理由拒绝做这件事。家长会怎样？要么是强压，要么是提供各种各样的条件："只要你好好练琴，妈妈就给你买新衣服，妈妈给你买好吃的，妈妈带你去玩……"条件是由孩子开的。这样的结果是往往弄得父母和孩子身心俱疲也没有得到想要的结果。孩子被动的学习收获甚微，父母还要搭上时间和金钱的付出。既然如此为什么不把选择的权力和自由交还给孩子呢？

　　10-19岁是很多孩子上学的年龄，上学的首要任务就是学习。如今竞争越来越激烈，绝大多数的父母都希望孩子能有一个好的成绩。让孩子好好学习，父母是怎么做的呢？孩子小的时候可以崇拜父母的博学，等到有一天他们有了自己判断和认知，孩子崇拜父母的是什么呢？

养育孩子，是一次父母与孩子共同成长的过程。让孩子好好学习，家长自己也要爱上学习。孩子的各个阶段心理变化是每一位父母应该学习的功课。

青春期这个阶段是父母与孩子建立关系的最重要的阶段，因为孩子在0到10岁所缺失的心理支持，在这个阶段就会集中爆发，孩子们强烈渴求父母的关注和支持。如果在之前错过了与孩子一起的时光，这个时候是最好的补课时间。

接纳

懂是爱的前提，接纳是爱的基础。一个孩子最希望得到的就是父母接纳性的爱，尤其是在这个特殊的发展阶段，他们还不够成熟和优秀，还不够完美，但是他们有希望证明自己，找到自己存在的价值。父母要做的是找到激励他们的方法，让他们建立强大的自我价值感。

重视和陪伴

花时间和他们在一起。孩子到了14岁往往就不喜欢和父母在一起了，他们拥有了自己的朋友圈和活动群体，渐渐地脱离了家这个团体，父母在这个时候会觉得跟孩子有了距离。孩子们有什么事情不再跟父母沟通，更多的时候是想听从内心的感受表现自己，有些时候他们表达的观点很难得到父母的肯定和认同。通常情况下，这些孩子们有两种选择，要么出去和小伙伴一起，要么关上房门自己一个人独处，就这样，父母与孩子的距离越来越远了。

有些父母认为孩子长大了，就不用管了。其实这是一个误区，孩子长大后父母依然要跟孩子建立亲密的关系。因为这是奠定孩子们成年以后与父母关系的基础。等到孩子成年以后，不再依赖父母时，就很难再建立亲密关系了。有一些父母借口工作忙，也没有方法去改善与孩子的关系，这样往往会造成恶劣的后果。

孩子的心是柔软的，只要父母用一颗真诚友爱的心去跟他们相处，他们是最容易对爸爸妈妈打开心扉的，心门打开了才会交朋友。他们需要被重视，需要在迷茫的时候有一个知心的朋友。无数事实证明，孩子们的心理需求一旦不被满足，他们发生偏差行为的概率就会大大增加。（偏差行为：早恋、厌学、逃学、离家出走……）孩子为什么明明知道有些事是不正确的，却还是乐此不疲地去做呢？究其根源就是因为缺失的爱。如果孩子在家庭中得不到重视，他们就会用偏差行为的表现来引起家长的重视。例如：如果爸爸妈妈总是吵架，孩子就很容易生病，如果父母要离婚，孩子就会生一场大病，甚至是靠离家出走来引起父母的重视。以挽回支离破碎的家庭。如果孩子在家庭中得不到认可，他就会做很多事情去赢得别人的认可，那么这将是他一生的注意力方向。我们永远也没有办法估量这会给孩子的未来带来多大的伤害。

"最好的爱是陪伴"，孩子的成长是来不及等待的。那么陪伴是什么呢？是不是在身边就可以了呢？我相信很多父母都是愿意花时间去陪伴孩子的，但问题是我们采取什么样的方式去陪伴？要做有质量的陪伴，用心地倾听，用心地沟通，用心地察觉。每天花一点时间关心他的成长，关心他的生活，把自己和孩子的心紧密地连在一起。

总是有很多父母认为自己忙、没时间，只要给孩子物质满足就是给孩子最好的爱，但结果总是事与愿违。一个内心缺失的孩子，父母留给他们物质财富再多，最后也有被散尽的时候。而一个内心富足的孩子，即便父母什么也不留给他们，他们依然可以立足。如果我们在留给孩子物质财富的同时，也能给他们足够的心理营养，那么孩子一定能成就不凡的人生。

模范传承

价值观念是不可以直接传承的，孩子只能被那些他们爱戴、尊敬的人同化，通过模仿他们，孩子们吸收他们的价值观，并且成为自己价值观的一部分。而孩子究竟能学到多少父母希望他们学到的东西，取决于他们内心对父母教导的反应。

如果孩子超过了16岁，调整是需要以年来计算的。因为孩子的自我价值观已经开始固化，他们不愿意信任父母，即便父母试图改变，他们也会不断地怀疑和试探。他们不愿意听父母是怎么说的，而是要看父母是怎么做的。

教育孩子是每一位父母不退休的职业，我们就像牵着蜗牛在散步，陪孩子一起走过孩提时代和青春岁月，也是每一位父母重新找回自己的过程，他们在向父母展示一个生命最初美好的一面，也展示了生命成熟的过程。听到孩子内心的声音在世俗里的回响，洗涤和净化我们成年人的心智。

　　与其说是我们陪伴孩子的成长，不如说是我们跟孩子一起成长，一起遇见更好的自己。我们要有这样的格局，孩子不过是在我们的家里寄居十几年，或许我们还记得十几年前领着他们蹒跚学步，牙牙学语，五年前他们说"我来做"你还将信将疑，如今他们只做不说，不愿意解释为什么。这些都源于一份成长，孩子的成长也是一个社会化的过程，每一次蜕变都应该值得高兴和庆祝。

——— 第三部分 ———

先天排序

多子女家庭的特点

在多子女家庭中，孩子们通常有以下几种表现形式：

1. 竞争，努力做到比家中其他的孩子表现得更好。
2. 在一个完全不同的方面发展自己的能力，以博得父母的认同。
3. 反叛或者报复。
4. 因为认为自己赢不了，索性放弃。

孩子们的所有选择无非就是这四个方面，我们可以回忆一下自己在家庭中的排序，每个位置都有它的特点，每个孩子都有不同。很多父母都不清楚这样一个事实，对所有的孩子都用同样的教育方法，不了解孩子的心理特点，教出的孩子自然不满意了。

那么不同的排序，孩子们会有怎样的性格特点呢？会有哪些先天的优势和欠缺呢？该怎样去弥补和完善呢？让我们来详细的分解一下。

老大

这是家中第一个出生的孩子，因此他们被倾注了更多的希望。对老大的形容词有很多：负责任、领导者、专横、完美主义、挑剔，对自己、他人、环境都有要求，循规蹈矩、有条理、好胜、独立、保守、承担，这些特质都是老大具备的。因为他们是家里第一个出生的孩子，他们自然地认为，自己就要成为第一，成为最好的那个孩子，才能显示出自己的重要性。自己做得不好，父母就不满意，弟弟妹妹也不满意。

但是与此同时，他们通常缺少同理心、感受力和亲和力。弟弟妹妹会认为老大蛮横专制，很少体会到弟弟妹妹的感受，父母在养育最大的这个孩子的时候，要开发他们的感受力。平时多带孩子感受大自然，看看路边的花草，问问孩子感受到了什么？它们是快乐的，不快乐的？为什么？观察一些小动物，感受一下它是饿的还是困的，是愤怒的还是快乐的？让他们站在另外的角度去观察身边的一切。如果一个孩子能对大自然、对小动物多一份察觉，那么他就能体会到兄弟姐妹的感受，多问"你感受到了什么？"渐渐地他的感受力和同理心就会被激发。

排序在中间的孩子

在家中，排序在中间的孩子多有变数，排序在中间的孩子大多数同理心特别强，他们善于体察别人的需求、能同情弱者，因为他们认为自己就是弱者，他们拥有很强的觉察力，能够觉察自己、洞察别人，比较开朗也比较随和，父母很容易捕捉到孩子的真实感受。但是他们也会常常受到负面情绪的影响，因为在家中的排序会让他们认为自己不是一个强者，很容易跟现实妥协。父母要充分地信任孩子，家里的很多事情可以分担给老二去做，既可以减轻老大的负担，也可以让中间的孩子学会承担。老二或者说家中排序在中间的孩子，在家中起着承上启下的作用，他是家里大孩子和小孩子连接的纽带，既可以辅佐老大，又可以照顾弟弟妹妹。如果父母能足够的信任和肯定这个孩子，排序在中间的孩子是最有可能成为家中最出色的孩子的。

最小的孩子

家中最小的孩子，他们的性格特点是：古灵精怪，依赖、爱偷懒、爱耍赖、爱哭、爱争宠。他的大部分的精力及智力都用在了提升自己的魅力上，从而找到自己存在的价值感。因为他们最小，因此总是渴望被父母看到、被父母更多的关注。

父母在教育家中最小的孩子的时候，要多说"试一试，你可以的。"让他学会承担、学会面对、学会对自己的行为负责。在教育最小的孩子时，父母最重要的一个功课就是：要学会坚守立场，面对孩子无理取闹的时候，要做到温柔而坚持，否则最小的孩子很难学会独立。

父母往往最纵容的就是家里最小的孩子，因为他们还小，哥哥姐姐要让着他们，因为他们最小，哥哥姐姐要帮助他们，于是最小的这个孩子就很容易养成依赖性。父母要多看见最小的这个孩子独特之处，孩子是需要被肯定的，我们不能光看到大的孩子，也要看到最小的孩子，哪怕他当下做得不够好，也不能代表他能力不行，而是因为他还小。如果他能够被看到，他就不会把更多的精力放在如何让父母注意到，而是把更多的时间留给需要做的事情。

多子女家庭的教养方式

在多子女的家庭中,孩子们难免会发生不愉快,这些问题的解决,往往是父母最头疼的问题。站在父母的角度,是很想一碗水端平的。站在孩子的角度,则希望他们得到父母更多的袒护。那么该怎么做呢?

关注情绪,不判对错

在多子女的家庭中,如果孩子之间产生了矛盾冲突,父母若参与其中,必定有一个会受伤。父母能做的不是判官,不是用对错给孩子一个"判决"。很多的父母,习惯性地让大的孩子让着小的孩子。对于孩子来说,他们是无法选择自己的排序的,我们不能因为先来的孩子大一些,就总是要求他们让着小的孩子,这对于大的孩子同样是一种伤害。在孩子出现矛盾的时候,关注孩子的感受,处理他们的情绪远比处理问题更重要。

一位妈妈有两个孩子,小的孩子有时候夜里会啼哭,常常吵醒老大,老大也不停地哭,小的孩子闹,大的孩子哭,两个孩子都需要妈妈,这时候妈妈怎么办?

妈妈碰到这样的事情常常很纠结,无从下手。首先,妈妈要先衡量一下事情的紧要性。小的孩子已经哭了,小孩子再哭一会儿也是没有关系的，那就先处理老大的情绪。妈妈先同理孩子的感受："孩子，妈妈知道你被弟弟（妹妹）吵醒了很不舒服，你想睡觉是吗？你也想妈妈陪你是吗？你看弟弟（妹妹）一直在哭，我们也没有办法好好睡觉是不是？那你觉得我们该怎么办呢？"（孩子可能会停顿一下、但是一般还想不出解决的办法）妈妈继续说："这样可不可以？你等会儿妈妈，妈妈先让弟弟（妹妹）不哭了，再陪你睡觉好不好？要不然你陪妈妈看看弟弟（妹妹）是不是饿了？或者是需要换尿片……"问题就很容易解决了。

一般在这种情况下，大的这个孩子会在一旁等妈妈，或者跟妈妈一起照顾弟弟（妹妹），事情就得到解决了。这样做的好处是：大的孩子在情感上得到了关注和支持，同时也能够体谅妈妈的不容易，这样做孩子不会觉得自己要跟弟弟（妹妹）竞争妈妈的爱，兄弟姐妹间的感情也不会因此而破坏。

生活中是什么样的呢？往往有很多妈妈听见小孩子哭，大孩子闹，就赶紧去抱小孩子，同时指责那个大的孩子添乱，结果两个孩子都哭，都委屈，有时甚至还会殃及老公，一场家庭战争就此爆发。大的孩子会恨弟弟妹妹抢走了妈妈，恨妈妈不关心自己，老公也会责怪妻子不会照顾孩子……

孩子在很多时候的情绪，都是因为想要得到爱，他们异常的行为大多是因为没有达到他们的心理预期。从这一点出发，关注心情比关注事情要重要得多。

公平对待,不欺大宠小

通常家里那个最小的孩子,喜欢抢哥哥姐姐的东西,很多父母都会以你是大的为理由,来满足那个小的孩子的需求。可是我们忘记了,即使再大他也是个孩子,对于父母爱的索取是不分大小的。我们错就错在,总是以为孩子可以体谅和懂得,而孩子终究是孩子。

这样的做法是不可取的,如果父母经常采用这样的方式,大的孩子就会认为弟弟妹妹是抢夺者,那么兄弟姐妹的感情就被破坏了。当小孩子想要哥哥姐姐的东西时,父母要引导孩子用借的方式,因为借是要还的,所有权未发生改变,孩子就会感觉被尊重和安全,不要强制地去要求。如果大的那个孩子不借,就不要强求,没有必要都满足小孩子的要求,让他感受拒绝,对小孩子也是一种教育。因为孩子总会长大,总要接受别人的拒绝。同时,在这个过程中我们也教会了孩子尊重哥哥姐姐。

避免表面平均带来的不平衡

多子女家庭教养还有一个误区,体现在父母喜欢将东西平分,用平分来体现父母给予孩子的爱是平均的,其实在孩子眼中,平分带给孩子的是个体需求间的不平衡。

一个外出的父亲买了一些水果给孩子们,有苹果,有橘子,有香蕉,妈妈为了平均,分给两个孩子三种水果一样多,结果呢?老大不喜欢吃橘子,最小的孩子其实不喜欢那么多香蕉,老大可能只想要两个苹果,妈妈却分了4个给他，最小的孩子可能只需要一个香蕉就够了……看似表面的平衡，但其实也隐藏着需求的不平等。

我们只要满足孩子的需求就可以了，没必要为了平均而去平分。跟孩子沟通，给他需要的就可以了。如果我们单纯地追求表面的平均，其实就是没有顾及个体间的需求不同。

与孩子独处的时间

每个孩子都渴望得到父母唯一的爱，面对家中的孩子们，父母一定要留出与每一个孩子单独相处的时间。在这一段时间里，只有孩子和父母，什么时间，做什么由孩子决定。父母只要全身心地陪伴，给孩子一个唯一的父母，让他们充分体会父母的爱。

每个孩子都不愿意去跟别人分享父母的爱，要让孩子懂得不是兄弟姐妹占有了爸爸妈妈的爱，而是孩子比别人多了一份兄弟姐妹间的爱。未来有一天，倘若爸爸妈妈不在了，其他的兄弟姐妹会代替爸爸妈妈爱他、陪伴他。

子女的年龄间隔

有人曾经问过我，家里如果打算生两个孩子，中间间隔几岁是最好的？从心理学的角度来讲，我认为间隔4岁是最理想的。4岁是自我概念形成的时期，每个孩子都将具有独立的自我认定，就不会产生老大、老小的这种心理区分。若大于4岁，两个孩子就很难建立亲密关系，小于4岁，孩子之间就会存在比较、争宠等现象。如果父母处理不好，孩子就容易出现问题。

每个孩子都是无法选择自己什么时候来到这个世界的，不要用先天的顺序捆绑了孩子。永远不要试图去培养一个完美的孩子，因为我们本身也不够完美，更不要把我们自己没有达成的愿望转嫁给孩子，他们只是借助你的身体来到这个世界，没有义务帮你完成你的梦想。接纳自己的不完美，接纳孩子的不完美，人生不是完美的过程，而是完整的体验。

独生子女的教养

现在的家庭中,独生子女家庭的比重还是很大的,孩子成了家里的稀缺资源,全家老小围着一个孩子转。父母的爱和期待都倾注在一个孩子的身上,使孩子承受了太多的压力往往也是独生子女家庭,因为孩子的独一性决定了他们与众不同的个性。

独生子女的性格有可能像老大,也可能像老小,取决于他们的成长环境。如果父母赋予他们足够的责任,那他们的性格就会偏向老大的特质。如果父母特别溺爱,他们的性格就变得依赖。他们对自己的期望跟父母对他们的期望一样高,他们要求独一无二,而不像老大那样要做第一或者最好。如果父母能赋予独生子女更多的责任,他们会很有担当,很有责任感。这来自于他的独一性,没有指望,没有依靠。

不知道大家有没有发现,在一些小朋友们聚集的地方,游乐城、沙滩、广场等游乐场所,家长比小朋友还多,有时候一个孩子玩,两三个家长陪伴,而国外就不是这种情况,孩子们玩的地方,很少有大人的身影,大人们都是远远地看着孩子们就行了。这就是教养方式的不同。

我曾经在一个海滩上看到一群孩子在玩沙子,小朋友们在用漏斗把沙子装进瓶子里。一开始,小孩把沙子放进漏斗里,然后把漏斗移向瓶子,每次只能装进瓶子里一点点沙子。慢慢地他把瓶子挪到离漏斗距离更近一点的地方,装进瓶子里的沙子就多一点。经过一次一次的实验,他发现漏斗离瓶子越近装的沙子越多。后来,他干脆把漏斗放在瓶子的上方,直接装沙子,可是仍然有沙子未装进瓶子。最后他发现了一个更有效的方式,就是把漏斗直接插入瓶口,使瓶子和漏斗之间没有空隙,然后再装沙子,这样的方法最省时省力!

孩子经过不断练习,反复试错,最后找到了最快的方法,这个过程是他经过验证得来的。他很开心地跟妈妈分享收获。而在整个过程中,妈妈一直都充当了一个观众的角色,欣赏孩子的探索。

中国的妈妈往往更喜欢当导演,很多妈妈在孩子第一次装沙子没有装进去的时候,就立刻抢过漏斗和瓶子。"来,妈妈告诉你把漏斗放在瓶子上,再装沙子……你看这样子装得多快?"

我们的父母是不是这样做的?生怕孩子出错,看不得孩子探索,比孩子还要心急?是的,告诉他,他做得快了。可是父母在无形中就扼杀了孩子体验的机会,剥夺了他探索的勇气。经验不可替代,过程不可超越。我们真的该反思我们的教育了,我们到底是在帮孩子还是害孩子?我们可不可以做他们的观众,欣赏他们的发现?让他们成为自己的导演呢?

其实,有些时候并不是孩子不担当,没有责任感,是父母没有给他们机会。很多时候，父母给孩子的都是动物性的爱，只顾孩子的基本生存，而不去考虑孩子未来的发展！不是孩子软弱，能力差，而是没有锻炼的机会。尤其是独生子女的家庭，过度的包办代替，孩子终将失去生存的本领。父母不教会孩子的，总有一天孩子会用更大的代价去向社会学习。

独生子女可能会缺少同理心和感受力，因为在家里的独一性，他没有机会去体会同龄人的感情和感受。因此，父母要给孩子多创造与其他小伙伴在一起的机会，创造在一起玩儿的环境，让他学会感受别人的心情，学会处理人际关系。让他学会分享，经常做主人。把好玩的、好吃的东西分享给他们的小伙伴，在分享的过程中，孩子的自我价值感就不断地被提升了。如果跟小伙伴之间有什么冲突，尝试着让孩子们自己去解决，自己去面对。每一件事情的发生都会教给孩子一些东西。

如果父母能够赋予独生子女更多的责任和担当，帮助孩子拥有感受爱的能力，独生子女一定会更加优秀。

孩子的成长是一个社会化的过程，他们会越来越独立，会脱离家庭的庇护，他们会独当一面，会建立自己的事业，建立自己的家庭。我们作为父母，要懂得放手，懂得把成长的责任交还给孩子。

―――― 第四部分 ――――

孩子的成长时光

敏感期

曾经在教育界有一个非常流行的白纸理论，是什么意思呢？就是说孩子就像一张白纸，我们作为孩子的养育者，在这张白纸上画上什么，孩子就长成什么样。这个观点一度非常流行，后来随着科学的发展，尤其是心理学的研究，证明了这个观点是有问题的。

人是一种高等的智慧生物，在他的基因里面有他固定的密码，简单地说就是我们提供给孩子所需要的养分，他就能够成长为一个正常的人。在孩子成长的过程中，有一个非常重要的概念，就是敏感期。

科学家其实早就对敏感期这个概念有过研究，最早的研究是把它放在蝴蝶身上。不知道大家有没有见过蝴蝶产卵，人们发现蝴蝶总是把卵产在树枝和树干相交的那个地方，这个地方安全且隐蔽，而且一定是太阳能够照射到的地方。当这些幼卵孵化的时候，光吸引了他们，这些幼虫就会一点一点地向上爬，朝着树梢最明亮的地方爬去。恰巧在那里就有蝴蝶赖以生存的条件，就是树梢最嫩的叶子，那么这个幼虫就可以顺利成长为蝴蝶。但是在这个过程中，如果有树叶挡住了光照，让蝴蝶错过了这个光的敏感期，蝴蝶就有可能在成长中被自然淘汰了。科学家就是在动物的身上发现了敏感期。

有一个意大利的小男孩,刚出生的时候患上了眼睛疾病,医生给他做了手术,并用纱布把小男孩的眼睛蒙上了,过了半个月,将纱布取下来的时候,大家发现小男孩的眼睛非但没有好,而且永久性地失明了。医生很奇怪,为什么会发生这样的事呢?于是他们在猫的身上做了个实验,他们找来了两只猫,一只是刚出生的小猫,一只是成年的猫,然后分别蒙住了两只猫的眼睛,等15天过后再将猫的眼睛拆开,那个成年的猫在15天后拆掉纱布后,视力很快就恢复了,但是刚出生的小猫,经过15天遮挡,眼睛永远丧失了视力。

人们就是在动物的身上发现了敏感期。其实对于人这样一种智慧生物,他的敏感期更为重要,但是由于很多人对它的不了解,往往错过了很多重要的时期。

人的每一种学习能力,都是能够在出生以后的几年内不断地发展和成长的。所以,对于一个孩子早期能力的训练至关重要,并且对孩子的一生都能产生重要的影响。

那么什么是儿童敏感期呢?

心理学上讲,就是个体在某一个特定发展阶段中,对某一个刺激特别敏感,或者是能够发展到最高水平,我们把它叫作敏感期。也就是说当敏感期到来的时候,我们是可以通过人为的刺激和干扰,给孩子提供一个相对丰富的环境,来帮助儿童快速发展,并且能够发展到最高水平。这是一种能力,一个过程,一个时期。

那么什么叫作能够发展的最高水平呢?每个儿童在某一种能力上都有相对于他自己的最高水平,重点在于家长朋友能不能把它发展出来,也就是家长有没有为孩子提供这样的环境。

我们经常听到"天才"这个词,为什么叫"天才"呢?其实并不是说孩子天生拥有这种能力,而是因为他天生就拥有了无数的可塑性和可能性,所以只要努力做了,他就一定可以成为你心目中的"天才",这也就是为什么现在很多人一直提倡对于孩子早期能力的训练,并且不断地通过实验来证明和证实:早期教育对于人这种动物的重要性。所以今后如果有人跟你提起,让孩子参加早教课,就不要反感了,这是有科学依据的。

那么人的敏感期是从什么时候开始的呢?人所有的敏感期都是在0-9岁之间。人的敏感期有近30个。如下:

光的敏感期0-3个月;味觉发育的敏感期4-7个月;

口腔的敏感期4-12个月;手臂发育敏感期6-12个月;

大肌肉发育敏感期1-2岁;小肌肉发育敏感期1.5-3岁;

兴趣敏感期1.5-4岁;语言敏感期1.5-2.5岁;

自我意识敏感期1.6-3岁;秩序敏感期2.4-4岁;

空间敏感期3-4岁;色彩敏感期3-4岁;

逻辑思维敏感期3-4岁;剪、贴、图敏感期3-4岁;

占有敏感期3-4岁;执拗敏感期3-4岁;

追求完美敏感期3.5-4.5岁;诅咒敏感期3-5岁;

性别敏感期4-5岁;人际关系敏感期4.5-6岁;

婚姻敏感期4-5岁;审美敏感期5-7岁;

身份确认敏感期4-5岁;数学概念敏感期4.5-7岁;

认字敏感期5-7岁;绘画、音乐敏感期4-7岁;

社会兴趣发展敏感期6-7岁；科学逻辑敏感期6-7岁；生物、科学实验敏感期6-7岁，文化敏感期6-9岁。

口的敏感期

儿童敏感期其实是自出生就开始的，首先是口的敏感期，孩子刚出生时，是用口来认识世界的，包括吃的、用的，玩的，物体的软硬、大小、冷热、酸甜都是通过口来完成的。我们经常看到刚出生几个月的孩子，经常把手放到嘴里，吃得津津有味，其实这是孩子认识世界的一个方式，儿童刚出生的时候，他对自己身体的各个部位都是不认识的，这些身体的器官，都是通过口来唤醒的。孩子的这些行为往往会受到父母的阻挠。在父母的角度看，会认为孩子这么做不干净、危险！其实这是打扰了孩子的学习，如果孩子口的敏感期没有过渡好，以后就可能出现问题。

例如有的孩子到了3岁的时候，他的口的敏感期可能还会再来，他可能还会吃手，还有些孩子可能上了小学之后还会啃铅笔啃橡皮。看看我们身边的孩子，有没有咬铅笔的，铅笔头上都是牙印的，那就是口的敏感期没有得到释放，甚至成年后仍然爱吃零食，其实就是一种对口腔刺激的依赖。所以在口腔敏感期到来的时候，我们应该给孩子提供一些可以吃的东西来满足他的口腔欲望，婴儿吃手，我们也不用去阻拦，可以给他提供一些牙胶一类的安全的东西，用来满足他的欲望。

手的敏感期

在口腔敏感期后期,他需要手的配合,当口被长时间使用后,它就不像最初那么敏感了,婴儿就会把注意力从口转向手,手的敏感期就被唤醒了,最初婴儿是不知道有手的,他通过口来唤醒手,从而大量使用手。

婴儿最初喜欢抓一些软的、黏的东西,反复抓然后放到嘴里品尝,这是这个时期孩子最喜欢做的,软的东西被抓变形,这是他比较感兴趣的活动。他会去抓饭、抓水瓶、抓玩具,抓他能触碰到的一系列东西,然后抓完了再扔出去,反复练习,实际上这是孩子的主观能动活动,我们在这个时期要给他充分锻炼的机会,同时,在这个时期要多让孩子锻炼手,锻炼手其实就是在锻炼孩子的大脑。

可是生活中很多时候,我们往往都忽略了对于孩子手的训练。例如,一些刚出生的新生儿,很多妈妈会给孩子买手套,套在孩子的手上、脚上,怕孩子抓伤自己。这个错误我也曾经犯过,我的孩子小的时候就容易把脸抓伤,但是你会发现孩子很快就学会了一个新的本领——摘手套。于是我也就没再强制他戴了,因为我觉得孩子可能不舒服。我们的新妈妈们,可以把孩子的手、脚指甲好好修理一下,但不要再束缚孩子了。

如果这个时候你不让他动手,其实是阻挡了他对手的唤醒,孩子以后再长大一点可能会打人、摔东西,没轻没重,因为他掌握不好手的力度。有些孩子就会有事没事手里就要拿个东西,就连我们成年人也有这样的。例如:我们经常会看到街上，有的人手里愿意拿两个核桃，或者是手串什么的，总是摆弄个不停，还有的人喜欢捏那个包装纸，就是带泡泡的那种，一捏叭叭响的。其实就是因为小的时候，对手的刺激不够，才会产生这些行为，用来满足他们对使用手的欲望。

爬行期

手的敏感期过后是爬行期，民间养孩子，都有一个口诀："三翻六坐八爬"，这是民间对于孩子生理发育的一个通俗的说法。其实在现实生活中，根据孩子能力的不同，也没必要在一个固定的时间点上要求孩子达到什么样的发育水平，孩子有可能4个月才翻身，9个月才会爬，这些都是正常的，孩子的能力是可以有不同的。

我的孩子就一直爬得不好，当时爸爸在床上，跟他一起爬，他还是不爬。有时我会在后面推着他的脚，让他一点一点地挪动。他一直到学会走路以后，才爬得稳了。其实对于孩子来说，我们应该给他足够的时间让他爬，床上、地上，爬行对孩子来说非常重要，这是孩子认知世界的一个新的起点，他可以通过自己的努力来探索身边的环境，而且爬行对孩子的语言发展非常重要，因为爬行可以锻炼孩子的前庭觉，能有效地预防孩子一些感觉统合失调的情况。同时爬行也是一个非常好的感统训练。

还有些父母，孩子不爬就不爬了，他们越过了爬行期就直接教孩子走路。有些家长甚至提前教孩子走路，觉得孩子提前学会走路，是能力好的表现，其实这些做法都是错误的。你会发现如果孩子没有经过爬这个敏感期，他的腿部力量是不够的，学习走路，也不如经过爬行期的孩子走路走得稳，有的可能会造成孩子语言发育迟缓，注意力不集中等一系列问题。

尤其是过去带孩子的老人，因为要做家务，就把孩子的腿用绳子拴起来，预防孩子掉在地上，这都是非常错误的举动，不仅妨碍了孩子的锻炼，更打击了孩子的自信心。所以父母一定要给孩子提供充足的时间和空间，让孩子尽情地去爬，尤其是不要提前锻炼孩子走路。

模仿的敏感期

有很多家长都以为孩子太小，他还不懂，什么也不会。其实，孩子天生就有着极其优秀的学习能力。在人的大脑里面，有一个非常奇特的部分叫作镜像神经元，功能就是镜像，也就是像镜子一样把他所看到的东西，一一记在大脑中，在镜像的过程中，孩子学会了从简单模仿到复杂模仿，正是有了镜像神经元的存在，孩子学到了很多新的知识。因为人类的认知能力和模仿能力，都是建立在镜像神经元的功能之上的。这就是人类最早期的模仿，他是无意识的，自然形成的。这也就是我们前面所提到的原生家庭的印痕，时间久了你就会发现孩子的行为和语言像极了父母，其实并非全都是遗传基因，而是后天模仿的结果。等孩子再大一点就开始了有意识的模仿，比如唱歌、跳舞等。

不管是有意识的还是无意识的，孩子都是通过模仿来成为自己的。所以如果你有一个你认为不理想的孩子，不要怪他，那是因为他没有看到理想的东西。无意识的模仿一直持续到七八岁以后，孩子到七八岁的时候大量的模仿就会告一段落。其实人的模仿，是伴随一生的一种自然而然的学习方式，但是他整个的成长期是在幼儿期，那个时期模仿的没有好坏对错，也没有高级低级之分，就是单纯的模仿。有的孩子骂人、打人，那一定是他看到了，听到了才会那样去做。所以无论孩子模仿哪个部分，我们都不能够以孩子的行为来给出判断，认为他做的这个不好，做的那个不好，更不要去打击孩子，其实这都是孩子的一种能力的学习。

如果父母发现孩子特别有模仿能力，以后想要往演艺方向发展，这个时期是最好的引导时期，多鼓励，多表扬，大多数演员最早的这个模仿期一定是被开发得非常好的，因为你成为什么样的人，绝对不是偶然的，这也就是我为什么反复强调父母的语言行为的重要性！

如果你的孩子在这个时期，你发现孩子模仿了你认为不好的东西，你可以指导他，但是一定不要打骂责罚，因为这样是加深他对不好的行为的印象。有时候，孩子出现了某些行为，比如骂人，你不去理会他，孩子自然而然地过一段时间就不说了，就怕父母不断地提醒"不许说，别说了，再说……"这样反而加快了他骂人的频率，增强了他在潜意识里对脏话的印象。

2岁到4岁的敏感期

2到4岁的孩子，有一个特点，在两岁之前，大家都觉得挺好的，很听话乖巧的孩子，到了这个年龄都变了，其实是因为孩子一系列的敏感期的到来。

自我意识的敏感期

自我意识的敏感期是在两岁左右出现,这个时候的表现是孩子开始大量使用"我"这个词语,说"不",甚至打人、咬人。孩子这时出现最多的表现是自我的意识,表现出完全的以自我为中心,那么这个时候家长该怎么处理呢?举一个例子,你的孩子有一个玩具,别的小朋友也想玩,他不给,怎么样也不给,那怎么办呢?在这个时期我们是可以默许的,不要因此来责怪孩子,也不要说教,因为你的阻止是无效的,这个时候他不分享,并不能代表你的孩子是一个自私的人,只要孩子不违背基本的原则就可以。因为父母要清楚地知道,这是孩子成长必经的一个阶段,是他形成自我的一个阶段。

还有一些孩子,他到别人家,见到自己喜欢的东西就拿,随便拿,谁也不问,见过这样的孩子吧?为什么呢?那是因为孩子还没有分明白你和我、你的和我的,也就是说孩子在2岁左右的时候,你要教会孩子区分你和我、你的和我的,而不是去让他与别人分享,分享是他自我建立好了以后,到4岁左右的时候会自然而然地去做的事情。所以我们只要在两岁的时候教会孩子区分你我就够了。学会了,再开始教分享的部分,不然就是揠苗助长,就会伤害到孩子。对大人来说还会惹一肚子气,对孩子呢,一点好处也没有。

因此,在孩子学习你我的时候,无论是他拒绝别人还是别人拒绝他,他都能学到东西,且被拒绝的孩子往往在这一过程中，他的体会会更加深刻。因为终有一天，他要学会如何拒绝别人，和如何承受别人的拒绝。比如我们很多成年人都承受不了拒绝，或者不好意思拒绝别人，这就是这个时期没有得到更好的锻炼，经常被拒绝或者是不好意思拒绝别人的事困扰着。同时在这个过程中，我们还可以教会孩子接纳和面对。因为总有一天他会长大，长大后遇见的坎坷远比拒绝和被拒绝艰难得多。自我意识的敏感期，对孩子的一生都非常重要，因为我们将来想要孩子成为一个什么样的人，拥有什么样的性格，都来自于孩子在这个敏感期的经历。我们保证了孩子这个敏感期，就保证了未来孩子的人格强大和在社会上立足的能力。

秩序的敏感期

这个敏感期也是 2 岁到 4 岁之间，这个时候的孩子非常任性，爱发脾气，比如东西在哪里就一定要在哪里，一件事情先做什么再做什么，顺序必须一样。像我的孩子那时候就特别明显，他喜欢玩车，他的车摆放的位置，别人不能动，只要你稍微做一下改动，他就一定会发现，一定会发脾气。外出回家下车后，一定要他来锁车，进电梯，一定他先开门再按楼层，别人如果按了他就会不高兴。那么，为什么会出现这种情况呢？孩子为什么会这样做呢？因为对于这个时期的孩子来说，一些有秩序的生活会给孩子安全感，他会觉得周围的环境是稳定的。

孩子的秩序敏感期分为三个阶段，第一个阶段是他为了秩序的破坏而苦恼，一直等你恢复了他的秩序，哭闹才会被停止；第二个阶段是他会为了维持他的秩序说"不"，也就是主动反抗；第三个阶段就是为了维持秩序而执拗，他可以不要求一切重来，但你必须承认，是你破坏了他的秩序。但是很多父母都不明白孩子的这些特点，所以在这个时期，我们要做的就是尽可能地保护好孩子要求的这些秩序，并且有足够的耐心接纳与包容，当你明白了孩子的成长过程，做起来就比较容易，你就不会为难孩子，为难自己了。

如果父母想给孩子养成良好的生活习惯，在这个时期也可以借助孩子的敏感期来完成（比如像早睡早起，起床刷牙，洗脸再吃东西等）。国内很多公共场所都缺乏秩序，每年都会发生踩踏事件，因为不守秩序所付出的代价是惨痛的。还有的人开车上路喜欢夹塞，走应急车道，给交通和生命安全造成了很大的威胁，其实这都是教育的缺失导致的。在我们的生活中，常常看到排队上公交车的事情，每一次避让，每一次上下车的排队都是没有意义的吗？其实这就是积累，积累一种有序的意识。

我曾看过一个视频，国外的一栋大楼着火了，数千人从大楼里井然有序地走出来，没有踩踏，减少了很多伤亡。同时，他们还为消防员留出了一侧救援通道，这就是秩序的积累。一个国家的国民素质的提高表现在对自我和他人的尊重上，所以我们有必要在公共场合适当地克制和谦让，把优良的文化传承给孩子，这样他们的未来才会有希望。

语言和语言诅咒的敏感期

这个敏感期是1岁到6岁都会出现的，这是个螺旋式的敏感期。最早是在孩子 1 岁左右的时候出现的,孩子开始能够说一些简单的单词,然后是简单的话,随着他年龄的增长,他很快就会发现一句话能表达自己的意思。再后来他会喜欢重复一句话或者学别人说话,到最后他会发现语言本身具有力量,一句话有时候可能会产生强有力的效果,这就代表他诅咒的敏感期的到来。我曾经听过一个孩子说他要把自己奶奶杀了。原因是奶奶阻止他干他想干的事。有一些父母特别反感孩子说这样的话,而孩子呢?他感受到了有这样的语言效果就会更喜欢说,所以,还是那个原则,告诉他这样是不对的就可以了,不能反复地责备孩子,这样就强化了他这个认识。

等孩子到 6 岁的时候,语言能力得到了很大提高,能够用语言来表达他的行为和心理的时候,他才能对自己的语言有意识。那么,我们在孩子出现这样诅咒的话语时该怎么办呢?首先要换一个方向,比如孩子要杀奶奶这件事,你可以引导孩子:"奶奶平时有没有好处啊?"老人疼孩子,平时一定在某个方面特别宠孩子,比如买好吃的,比如帮孩子做很多事情。进一步引导:"如果你把奶奶杀了,以后就没有人给你买好吃的了,没有人带你玩了,也没有人帮你了……"激发孩子的思考,让他自己想该怎么办。一般的孩子都会说那先留着吧!这样问题就解决了,但是注意态度一定是和善的、友好的、坚定的。

性别的敏感期

我们回忆一下,自己小的时候有没有问过父母"我是从哪里来的?"或类似的问题。心理学上讲,孩子在出生后的第三年开始产生性别的意识,孩子到了这个时期都喜欢问自己是从哪里来的。我们小的时候得到的答案通常是从哪里捡来的,抱来的,其实这样的回答会让孩子产生恐慌和不安,有些孩子甚至都到上学了,还对自己的来历有怀疑。如果这种怀疑发生在叛逆期,那么他很有可能会走歪路,因为人都是猎奇的,你不正面地告诉孩子答案,那么他一定从其他的途径来获得答案,但那个途径的优劣我们是不能保证的。其实,之所以父母不愿意正面回答孩子的这个问题,多半是因为父母在生孩子这件事上觉得比较尴尬,很难正式地把这个问题和孩子讲清楚,是因为它涉及一些性器官的介绍,而这些正是父母对孩子难以启齿的地方。

其实这个时期的孩子,对性器官的理解与你介绍鼻子、耳朵、嘴巴、眼睛的感受是没有区别的,只不过是成年人遮遮掩掩的情绪反而造成了儿童更多的好奇。其实在这个时期,家长可以给孩子看一些科普类的书,有些书上会有男孩女孩裸体的图片,孩子们就会自然地明白了男孩和女孩的不同,同时也能帮他解决这个问题,然后再告诉他,男孩女孩长到一定的年龄,在一起就会有宝宝了。作为家长,我们应该以一个常人的心态,一个孩子听得懂的高度来解答孩子提出的问题,而不是用大人的思维,对于孩子来说,这跟他们认识自己的眼睛耳朵是没有区别的,所以用正确的方式来引导孩子是很有必要的。

婚姻敏感期

在性别的敏感期后迎来的是婚姻的敏感期。这一时期一般会在4岁到5岁之间形成,在我们的传统观念里,儿童是怎么也不会跟婚姻两个字联系到一起的,然而儿童一般到了4岁以后,某一天就会忽然冒出一句"我要跟妈妈结婚,我要跟爸爸结婚"的话。这是为什么呢?是因为经历了一个又一个敏感期之后,他感受到的是父母带给他的安全、快乐的感觉,这实际上是孩子对异性最初的一种认识。但是这个时期,孩子是不能理解婚姻的真正含义的,所以才会出现要跟爸爸妈妈结婚的想法,甚至会嫉妒,这些都是正常的。随着孩子的慢慢成长,他会发现自己和父母不是一个阶段的人,他会在自己的同龄人中去找,渴望找到一个同龄人,去发展成为爸爸妈妈那样的关系。我们经常会发现这时候男孩喜欢找女孩玩,女孩也希望有男孩陪伴。我清楚地记得,我儿子有一天从幼儿园回来后很严肃地跟我说:"妈妈等我长大了,我跟×××结婚行吗?"

其实,这是一个纯粹的情感发展过程。所以我们要正视孩子的这些情感,不要以我们成年人的眼光和标准去看待这些问题,让孩子顺利地度过婚姻的敏感期,将会在孩子成人后的婚姻关系中奠定非常好的基础。

在这个阶段,作为父母一定要经营好自己的婚姻关系。因为在家庭中,父母的婚姻关系会对孩子在成年后对待婚姻的态度产生非常大的影响,这就是为什么说婚姻关系是家庭中最重要的关系的原因。所以,在孩子处在不同敏感期的时候，首先要保护好孩子这种情感的发展；其次不要过分干涉，更不要用我们的指责去打压孩子；最后就是要建立一个和谐健康的家庭环境。

保证了儿童的每一个敏感期，就保证了孩子每一项能力的发展。为孩子提供优质的环境，使他的敏感期得到充分的释放，这种能力将伴随孩子一生，这是父母送给孩子最好的礼物。

幼儿期分离教育

这个世界上有很多爱都是为了相聚,只有一种爱是为了分离,那就是父母给子女的爱。幼儿期,是孩子成长过程中一个重要的阶段。进入幼儿期,孩子开始建立自我的概念。孩子就会从与母亲的共生状态向独立状态过渡。这个过程的长短取决于父母给孩子的安全感,以及家庭环境的和谐程度。

幼儿时期最重要的一部分是分离教育,在我国,孩子往往在不到 3 岁的时候就会被送去幼儿园,在孩子入园的第一个月,甚至第一个学期里,是父母和孩子最痛苦的时期。很多原因就是我们在与孩子的分离教育这一块是空白的,让孩子在没有过渡的情况下就面对分离,分离的焦虑情绪会一直伴随孩子走进校园。而在国外,父母这样一个分离的过程是要在孩子入园以前就必须完成的,否则,是不允许入园的。其实分离教育是孩子成长过程中最关键的一步。但是很多父母都没有足够重视这样一个过程。

爬行期

孩子与父母的早期分离是从孩子的爬行期开始的。爬行期是孩子独立认识世界的一个起点。在这个时期的孩子锻炼爬行探索未知的世界，从而离开父母，觉得安全就爬出去，觉得不安全了就再爬回来。父母要多为孩子提供这样的场所让孩子爬行，也可以人为地锻炼，放一些玩具或者孩子感兴趣的东西在远处，让孩子朝着那个目标前进，增加爬行的距离和时间，延长分离的时间。同时也能让孩子感受到爬行的快乐。

学步期

孩子从直立站稳到行走，是孩子成长过程中的里程碑，我们都会发现，孩子最初学走路的时候，两只小手是张开的，想要抓住一些东西的感觉，最初他们是不会朝着没有家人的地方走去的，他们会快速地扑向亲人的怀抱。切记，不要在别人的面前说孩子"他现在还是走不稳""他太懒了，不喜欢走""他怎么现在还不走路？"等话语，这时候孩子可能不会说，但是他听得懂，孩子从诞生开始就接收来自外界的声音刺激，虽然他不会表达，但是他能解读语言背后的意思。我们没有必要过早地锻炼孩子走路，孩子的成长是一个自然的过程，需要时间的等待，每个孩子的能力不一样，我们没有必要纠结。已经学会走路的，要鼓励孩子多走，远走，离开父母独自行走。其实，孩子学走路是不会摔坏的，如果父母怕孩子摔倒，可以在地上铺一些地垫。

独立期

孩子经历了爬行期，学会了走路，自我意识就会被建立。他们能清晰地感觉到自己和父母是独立的，这个时期是在孩子 1.5 岁到 2.5 岁的时候，他喜欢跟父母一起互动，做游戏。如果家里的亲人朋友能参与是最好的，和孩子做短暂的分离。从最开始的只用一张纸、一个遮挡物掩藏脸部开始，让孩子感受瞬间的分离，孩子不仅不会焦虑还会感到有趣。接下来就可以藏起来，藏在孩子轻易就可以找到的地方，慢慢地增加难度，是一种游戏，也是一种分离，让孩子明白与父母只是短暂的分离。

有一些父母，外出前总会躲着孩子。虽然我们知道，父母都是怕孩子知道了，会伤心，会哭。但是事实上偷偷地走带给孩子的伤害是更大的。孩子会认为爸爸妈妈是可以随时不见的，更加加剧了分离的焦虑，让孩子感受到不安全，就会本能地对分离产生抗拒、恐慌、不安。

还有一些爸爸妈妈会给孩子讲一些故事："爸爸妈妈去工作，那里不让孩子去，如果小朋友去了，就会有大灰狼，有很多吓人的东西……"总之，就是以各种威胁的方式来达到跟孩子分离的目的。

这些都是不可取的做法。

幼儿园分离期

在我国，孩子不到 3 岁就开始被送去上幼儿园了。送去幼儿园的场景基本上可以用"撕心裂肺""惨不忍睹"来形容。因为我们的分离教育几乎是空白的，给孩子造成了恐慌和严重的安全感缺失。其实在孩子入幼儿园之前，我们要跟孩子做好两方面的分离教育：一是孩子与父母的分离，二是孩子与环境的分离。

在这里给大家一个建议，父母可以尝试践行。这样的分离应该在孩子入园前的两个月里开始锻炼。

孩子与父母的分离

我们可以模拟一个场景，可以是去工作，也可以是去逛街，总之是要离开孩子。把孩子交给可靠的人，坦诚地告诉孩子，我们要去做什么，不能带着你去，办完事情就回来，你在家里是可以的。注意态度，要做到温柔而坚持。（温柔而坚持：温柔是态度和蔼，不指责，不命令，平静地陈述事实；坚持是原则性的问题，不妥协、不让步。）

第一天：当我们告诉孩子要离开时，孩子会哭、会闹，不要管他，家里人自然会哄好他。切记：不要依依不舍、反复地告别！这个时候孩子的情绪是当下的，父母走后，家人可以用分散注意力的方式，给他讲故事、玩玩具、找点好吃的，孩子一会儿就不会哭了，这个时间第一次可以不要太长，两三个小时。

等到妈妈回到家里的时候，不要表现得很依恋和舍不得孩子，平常心态就好，还要鼓励孩子："妈妈不在，你玩得真好，吃饭也好，睡觉也好，妈妈看到你的表现很开心，你真是个勇敢的好孩子！"

第二天：通常情况下经过了第一次的分离以后，第二天是孩子情绪最坏的时候，他不仅苦恼还会反抗（当然这些情况也会因人而异），同样的，当父母走后孩子是很容易被哄好的，其实孩子离开父母以后，是会变得更独立的，只是很多父母不愿意去相信和体验这样一个事实。

等到约定的时间就再回来,这一次的意思是让孩子有一个初步的认识,原来妈妈是说话算话的,到了时间是会回来的,可以带一个孩子喜欢的小礼物,或者小零食,送给孩子,他的情绪就会好很多。

第三天:当我们准备出家门的时候,尝试着跟孩子说再见,通常有些孩子会不理父母,做自己正在做的事情,还有一些孩子呢,仍然会哭闹,这些是孩子对情感反应的不同的结果,不必太纠结。

到时间再回来,孩子在这一天里,面对回到家中的父母,也许就不那么渴望和热情了,因为他似乎已经熟悉了这样的模式。我们只关注孩子的心情就可以了。

第四天:大多数的孩子在第四天里,就没有哭闹的现象了,个别在前面几个时期没有做好分离的孩子,可能仍然会哭闹,这都是正常的。这个时候如果之前的分离建立得很好的孩子,当妈妈说让孩子跟自己再见的时候,他就有可能会回应妈妈了。在第四天里,我们可以适当地延长分离的时间,改成半天。

当父母回到家的时候,要鼓励孩子的进步,夸奖孩子长大了,有了新的本领。孩子会体会到自己的变化,感受到父母的肯定和赞美带给他的喜悦。

第五天:时间到了第五天的时候,孩子与父母的分离,基本上就被建立起来了,有个别的孩子如果还是没有建立好,也不要灰心,同样的方法再做几天就可以了。

在这一天里,孩子可以愉快地跟父母说再见了,而且会主动地说:"爸爸妈妈,你们去上班吧,我会在家乖乖的。"

会有这样类似的反馈给到父母,因为他已经适应了这样的分离,以及分离后的独立生活。

如果觉得分离练习得不够好,可以多坚持几天,直到孩子能坦然地面对分离,剩下的时间就可以进行间断的分离练习。一个健康的分离方式,对孩子的身心健康会有深远的影响,我们提前一个星期就可以做到的事,不要等到孩子去幼儿园时,再去强制性地分离,那样带给孩子的是身心和环境的双重陌生与恐惧,孩子一旦有情绪积蓄在体内,就会容易生病,这也就是为什么孩子刚入园时经常会生病的原因所在。在整个过程中,父母一定要做到:温柔而坚持。这一点非常重要。否则孩子建立分离的时间会加长,带给父母和孩子的是更多的精神困扰。爱孩子不是舍不得,是要有舍才有得,用对了方法,一次可以管一生。

孩子与环境的分离和植入

在父母与孩子建立了充分的分离以后,我们就要开始让孩子与熟悉的家庭环境作分离,同时还要把选定的幼儿园环境植入孩子的脑海中。在选择幼儿园的时候,要选择孩子喜欢的,如果我们担心孩子选不好,可以限定范围,让孩子在有限的范畴内选择,这样有助于孩子融入环境。

现在有很多的幼儿园都是有提前的入园适应期的,如果没有,我们也可以带着孩子去选定的幼儿园玩耍。

第一天:环境植入

带孩子来到幼儿园里,做环境的植入,每一个角落都要去,走到上课的教室,可以跟孩子说:"你好像坐在那个位置,妈妈看到你在认真地听老师讲课。"走进卫生间,告诉孩子以后想要上厕所就到这里:"我想你上完厕所的时候,洗完手后自己去拿毛巾的样子,很可爱,也很能干。"带孩子到操场上去玩儿,告诉他学习过后,小朋友们都要到这里玩耍,我们可以选自己喜欢的玩儿,只要保证是安全的就可以了。"我看到了,你上下滑梯时正在排队,真是一个有秩序的好孩子。噢,那边有一个小朋友摔倒了,你还去扶了他一下,你真是一个有爱心的孩子。还有两个小朋友好像不愉快了,你去找老师来帮忙,你可真能干啊……"在环境植入的同时,也可以把想要交代给孩子以后应该做的事情,都植入孩子脑海中,这样的记忆会帮助孩子去处理和应对一些情况,就会减少他对陌生环境的恐惧和不知所措。

第二天:短时间分离

要让孩子参与实践,让孩子自己去玩儿,父母只要远远地看着就行了,在教室里和操场上尽量让孩子自己去活动,如果能有其他的小朋友一起就更好了,这样小孩子就会比较容易地融入环境。在这个过程中应尽量帮孩子创造一个快乐的氛围。这时我们可以先跟孩子作一个短暂的分离,这个分离的前提是要让孩子了解,比如我们可以跟孩子说,要去一下洗手间,需要5分钟,孩子只需要做自己的事情就可以了,等我们处理好自己的问题就回来找孩子。或者我们需要去喝点水,或者去帮孩子拿水,拿东西。在安全的范围内,建立短暂的分离。

第三天：定点分离

幼儿园里都是很安全的，让孩子在可见的区域里玩儿，比如教室、活动室等。父母可以在一个固定的地点等候，教室外面，或是等待区。只要孩子回到这个地点就可以找到爸爸妈妈。切记，如果我们中途要离开这个地点，一定要告知孩子，否则当他想要找到爸爸妈妈的时候，发现爸爸妈妈不见了，会非常地焦虑和不安。

第四天：空间分离

让孩子到更大的空间去活动，父母在另外的空间等候，给孩子一个暗示，你在那里，我在这里来，你想找妈妈就到这里。孩子如果不肯，我们可以慢慢地引导，妈妈一直都在，只是在另外的空间，只要你需要妈妈，就来找妈妈。或者你可以喊爸爸妈妈，爸爸妈妈听到了就会过来。在这个过程中，孩子可能一开始会试验一下，我们就当作是跟孩子做游戏就可以了，有求就应，孩子实验几次也就放弃了，就会安心地做自己的事情了。

第五天：校外分离

在这一天里，我们要对孩子这些天的成长给予肯定，从一开始的陌生到熟悉到适应是需要一个过程的，肯定孩子这伟大的进步，并鼓励给孩子试试一个人在学校的生活。爸爸妈妈在幼儿园外等候，如果孩子不想玩了，就可以到门口处去找爸爸妈妈，并提示孩子，每天等孩子放学爸爸妈妈都会在这里等候，爸爸妈妈把你送进幼儿园，是为了让你学习很多新知识，在这里有老师带领你们学习，有小伙伴陪你一起玩儿，很开心很快乐。这是你长大的标志，每个小朋友长大了都要上学的。

经过这五天的适应，孩子会对幼儿园的流程，以及环境有一个深入的了解，当他再面对的时候就会很坦然了，因为现实和想象是没有差距的。现实中，我们有很多的父母把这样一个过程完全交给了园方，老师不可能照顾到每一个孩子，这样就会给孩子心理上造成很大的幼儿园障碍。

其实孩子的成长跟我们学习是一样的，学习要复习，还要练习，成长也是一个慢慢完善的过程，我们不能违背这样一个现实，等待也是一种爱，让孩子慢慢地长大！

人的成长过程不仅仅是分离这么简单，有的时候不是孩子离不开父母，而是父母离不开孩子。我们的担心和忧虑，促使父母为孩子做了很多本该孩子自己做的事情。让本来轻松的过程，成了难以逾越的难题。重视分离教育，这是孩子成长中一个很重要的部分。

第四部分
孩子的成长时光

少儿期习惯养成

少儿时期是孩子成长过程中的一个重要阶段，少儿时期养成的习惯，会影响孩子的一生。习惯如同一把双刃剑，好的习惯是孩子一生的宝贵财富，一辈子享用不尽它的利息；坏的习惯，会阻碍孩子前进的步伐，是一辈子都偿还不完的债务。帮孩子养成一个好习惯，孩子一生都会从这种好习惯中汲取能量，从而走向成功的人生。纠正孩子的不良习惯，孩子就会少走弯路。父母是孩子最好的老师，父母的高度决定了孩子能走多远。帮孩子养成一个好习惯，是每个父母都可以做到的，也是每个父母义不容辞的责任。

从小养成的叫作"习惯"，长大了就变成行为矫正了，从一开始建立起来的好习惯，会很轻松。如果没能养成，也是可以培养的。行为心理学研究表明，21天以上的重复练习会养成一个新的习惯。大脑构建一个新的神经通道需要21天的时间，所以人的行为暗示，经过21天以上的验证，就会成为你的信念，如果能做到90天以上的重复，就会形成稳定的习惯。

习惯的养成分为三个阶段：

第一阶段：1—7 天

这个阶段你必须时不时地提醒自己注意改变，并刻意地要求自己，因为你一不留意，你的情绪、坏毛病就会浮出水面，让你又回到从前。你在提醒自己，要求自己的同时，也会感到很不自然，很不舒服。但这种不自然和不舒服都是正常的。

第二阶段：7—21 天

经过一周的刻意要求，你已经觉得比较自然，比较舒服了，但是也不能大意，一不留神，坏情绪还是会影响你，破坏你，让你回到从前，所以还是要提醒自己，要求自己，不断地重复强化。

第三阶段：21—90 天

这个阶段是习惯的稳定期，它会让新的习惯成为你生命的一部分，在这个阶段，你已经不必刻意要求自己，它就像你抬手看表一样的自然，这个习惯会自然地为你"效劳"。

在少儿期的孩子，好习惯主要有几个方面：

健康的生活习惯

少儿时期的孩子，正处在长身体的时候，没有了健康的身体，一切都等于零。我们很多的父母容易在孩子的成长过程中顾此失彼，拼命地抓学习，却忽视了孩子身体的活动，使得现在的孩子身体状况令人担忧,很多孩子体弱多病。这样的状况,即便我们培养出了人才又有多大的意义呢?食品卫生不安全、不合理的膳食结构、暴饮暴食……严重影响着孩子们的身体健康。因此,我在这里强烈地呼吁父母朋友们,要重视孩子的健康习惯。

饮食习惯

一、多吃对提高智力有帮助的食品

低脂肪高蛋白的食品可以提升孩子的智力水平,达到事半功倍的效果,相反的像一些烧烤、熏鱼、烧鸭、烧鹅、油炸食品很容易被氧化产生过氧脂质,这些物质在孩子体内积聚,会使人体代谢酶遭到损伤,进而产生大脑早衰或痴呆。

二、限制调味料的使用

盐

盐的用量要严格地控制,少年儿童时期,每天盐的摄入量要控制在 4 克以下,过咸的食物,会引起高血压、动脉硬化、损伤动脉血管,影响脑组织的血液供应,使脑细胞长期处于缺氧状态而智力迟钝,严重地会影响记忆力,甚至过早老化。

糖精

过量的食用糖精,会损害脑、肝脏等器官组织,甚至会增加膀胱癌的发病概率。现在的食品安全状况堪忧,我们不能一味地放纵孩子的食甜习惯,肥胖、儿童高血压、血糖高、血脂高的案例日渐增多,父母不为孩子把好这道关口,孩子的未来怎么保证?

味精

少年儿童每天食用的味精量要控制在 4 克以下(孕妇及周岁以内的婴儿禁食),味精的过量摄入,会引起脑细胞坏死,不利于智力的发展。饭店的饭菜,为了味道鲜美常常加入很多的味精和添加剂,我们没有办法改变,只能尽量远离。

因此,我们想要孩子有聪明的大脑,不仅要合理膳食,更要严格把控。

三、合理补充营养

现在的家庭生活水平普遍提高了,市场上也有各种各样的营养品,父母总是怕孩子缺营养,补钙、补铁、补锌、补维生素……这些东西虽然不是药品,但也不是随便吃的。父母在给孩子选择营养品的时候,一定要到专业的医院去检查,孩子体内缺什么,再进行补充,而不是盲目地看别人补什么,自己就觉得孩子也缺,也要补。过多的补养品摄入,会增加孩子的肝肾负担,适得其反。

四、按时吃饭,限制零食

有很多的父母找到我咨询,孩子吃饭成了父母要面对的大难题,其实从孩子 3 岁起,我们就应该给孩子建立起一个按时吃饭的好习惯。不按时吃饭,会让孩子的肠胃功能受损,引起消化道疾病,削弱孩子对疾病的抵抗力。

零食的诱惑是很强大的,别说是孩子,就是成人也难以抵挡它的诱惑。但很多的零食尤其是膨化食品都是对孩子有百害无一利的,要严格控制。吃一些天然的坚果和水果是可以的,但是要选好时间,不能占用吃饭的时间,否则就会影响孩子的正常进餐。

让孩子爱上吃饭,父母要做到以下几点:

1. 拥有一个好情绪

有很多父母平时没有时间教导孩子,饭桌就成了"批斗大会"。有些父母总是喜欢在吃饭的时候唠唠叨叨,孩子带着情绪吃饭,怎么可能爱上吃饭呢?一提到吃饭,就会让他觉得是件痛苦的事情。

2. 要在饭菜的内容上下功夫

父母总是"老三样",孩子当然不喜欢了,要在味道上有变化、视觉上有突破,多做一些有创意的菜品,让孩子感到新奇感,同时也可以邀请孩子一起参与制作,还可以融入一些小故事,增加孩子的兴趣和乐趣。

3. 不强迫孩子吃饭

中国的父母都很有意思,总是害怕孩子吃不饱!有一种饿叫作"妈妈觉得你饿",孩子一顿饭吃了 10 个饺子,下一次吃了 7 个,父母就觉得孩子没吃饱,剩下的 3 个要是不吃进去,心里那个纠结啊。

其实,孩子也会有胃口不好的时候,有不顺口的时候,有不太饿的时候。我们成年人如果不想吃一样东西,有人逼着你吃,你愿意吗?如果我们想让孩子吃下我们准备的东西,可以尝试着过一阶段再给,或者找营养相似的替换就可以了。

4. 荤素搭配，细嚼慢咽

路要一步一步走，饭要一口一口吃。细嚼慢咽有助于消化，有助于健脑、减肥、美容、防癌。

虽然很多孩子不太喜欢吃蔬菜，但是在这里，我还是再提倡一下，要让孩子吃一些蔬菜，是很有必要的，素食帮助增加膳食纤维的摄入以及维生素的摄取。如果孩子不喜欢，我们可以跟孩子讲清道理，同时把每顿饭的蔬菜量给孩子，吃过了这些蔬菜，其他的菜是可以自己选择的，让孩子知道这是他必须要做的事情，习惯就会慢慢养成。

锻炼身体的习惯

生命在于运动，对于孩子来说，运动不仅仅是锻炼身体、增强体魄的方式，所有的运动都可能是孩子发育大脑、锻炼意志、寻找快乐和增强自信的最好机会。如今的孩子普遍存在运动量不足的问题，父母如果在这个方面不重视，就有可能影响孩子的身体发育、心理发育，对孩子的行为方式和学习能力上造成不利的影响。

一、培养孩子的运动热情

如果孩子体现出高涨的运动热情，爸爸妈妈应该全力支持，为孩子做好保障工作，提供需要的运动设备和用具。如果孩子的运动热情不高，就要父母多花点心思去找到孩子感兴趣的点，组织全家人一起参与，清早晨练、周末出游，全家人一起参与会让孩子体会到其乐融融的快乐。

二、选择运动方式的时候要选择适合孩子的方式

有的孩子胆小，做事怕风险的，容易害羞。父母可以帮孩子选择一些具有挑战性的项目进行锻炼，例如：游泳、溜冰、滑雪、摔跤等。这些活动能帮助孩子克服害羞，胆小等心理障碍。

有的孩子犹豫不决，优柔寡断，父母可以带孩子经常参加一些乒乓球、羽毛球、网球、跳远等体育活动，这些项目可以锻炼孩子的果断性。

有的孩子自信心不够强，父母可以带孩子参加一些跳绳、俯卧撑、仰卧起坐、广播体操等活动，这些活动比较容易出成绩，只要坚持锻炼，孩子就会变得越来越自信。

有的孩子心理素质差做事易紧张，父母可以带孩子多参加一些公开的、激烈的体育比赛，锻炼孩子冷静沉着的能力。

有的孩子争强好胜、自负，父母可以选择一些难度较大、动作较复杂的如跳水、体操、长跑等项目进行锻炼，也可以给孩子找几个对手，让他知道强中自有强中手的道理。

孩子若培养成锻炼身体的好习惯，将受用一生，如果父母过分溺爱孩子，孩子做事情就无法持之以恒，父母对待那些有浓厚兴趣的但意志力不够坚强的孩子，应多鼓励，制订锻炼计划，不断地激励。

讲卫生的好习惯

一、勤洗手，勤剪指甲

"病从口入"。一切入口的东西都要经过手，因此若养成勤洗手的好习惯，就可以切断病毒和细菌进入人体的重要途径。让孩子养成讲卫生的好习惯首先要从手开始，告诉孩子要定期地剪指甲，指甲里的污泥会藏着大量的病毒和细菌，寄生虫卵，经常的剪掉多余的指甲就会切断这些病菌的来源。

二、勤换衣服，勤洗澡

少儿时期的孩子换衣服多半还要父母的提醒，孩子活动量大，汗液分泌旺盛，又不太懂得爱惜衣物，这个时期父母要帮孩子养成勤洗澡、勤换衣物的好习惯。时刻注意保持良好的形象和状态，对孩子长大成人后的气质修炼有很大的帮助。人与人的第一次交往中，对方头脑中形成的印象会占主导地位，很难再被改变。人们会习惯用惯有的印象来评价以后的行为，所以时刻保持良好的形象气质是非常重要的，这一点我们要在少儿时期开始培养，养成孩子与生俱来的习惯，孩子将受益一生。

养成良好的学习习惯

学习一直是父母最关心的主题，孩子在少儿时期养成的学习习惯，会伴随孩子一生，学习是一件快乐的事情，为什么很多父母抱怨孩子学习不自觉让人操心？感觉学习就像是在完成任务一样，依赖性特别强，父母不督促，孩子不会主动学习。其实，孩子的学习成果主要取决于两个方面：一个是能力，一个是动力。激发孩子的动力，让他对未来和梦想的渴求不断地增加，更重要的是培养他爱学习的能力。

影响孩子学习的主动性主要有以下几点：

1. 害羞，有问题不好意思问老师。
2. 遇到问题问父母就能找到答案。
3. 借助网络和他人的力量。

久而久之，孩子就失去了思考的动力，形成了依赖的心理，没有解决问题的信心。孩子在日常生活中就会出现以下几种情况：

1. 没有兴趣学习，逃避学习，反感学习。这一类孩子厌倦上学，在课堂上不认真听讲，厌倦写作业，把学习当作痛苦的事情。

2. 把学习当任务，这类孩子迫于老师和家长的压力，不得不学习，上课易走神，作业拖拉，喜欢投机取巧应付了事。有一些孩子就开始抄作业，甚至找人代写作业。

3. 学习没有方法，害怕困难，这类孩子虽然听从老师和父母的要求，但学习方法比较死板，达不到举一反三的效果。对于学习中的难题，往往想办法去绕开、不直接面对。

孩子不喜欢学习，不爱学习其实是一种学习心态，这种心态可能是受教育环境中的一些不良因素影响所致。孩子的成绩不理想，受到父母的指责，产生心理挫折，出现厌学，越学越不好，导致恶性循环，最后破罐子破摔，在心理学上讲叫作"习得无助"。孩子心理暗示自己:"我对语文没有兴趣、我不是太聪明、我不适合学习。"这种心态是很可怕的,我们父母要努力调动孩子的积极性,让孩子主动去学习。

主动学习就是孩子学习思想意识的觉醒,不用他人提醒或催促,能自觉、自动地完成学习。所以,父母一定要培养孩子这样的好习惯,孩子拥有主动学习的能力,成绩就会有突破性的进步。当下是一个多变的时代,知识的更新突飞猛进,孩子只有具备了学习力,才能适应日新月异的时代。

培养孩子主动学习的方法:

1. 掌握孩子主动学习的层次

第一层:好奇心。激发孩子的好奇心是孩子主动学习的开始。

第二层:自信心。培养孩子的自信心,多让孩子试试看。

第三层:增加学习兴趣。提高孩子的学习兴趣。

第四层:提高能力,了解学习方法。

第五层:掌握知识技能。

只有激发孩子的学习意愿,他才能有信心,才会培养出学习兴趣。只有培养出他的学习兴趣,才能培养出他的学习能力,只有好的学习能力才能掌握知识和技能。父母要发现孩子主动学习的层次,找到合适的方法去激励孩子。

2. 明确学习的目标

有很多孩子都是盲目地去学习,不知道学习是为了什么，甚至到了高考都不知道自己要填什么志愿，这是件很可怕的事情。一个班级里，孩子们的智力水平都是没有多大区别的，为什么同一个老师教出来的成绩会有不同呢？通过调查研究表明，学习好的孩子大都目标明确，而成绩不太好的孩子大都是学习目标不明确、懒懒散散、混混沌沌过日子的。所以把孩子的梦想植入孩子的心中尤为重要。

3. 多跟孩子沟通，做孩子的朋友

现在家庭中，大多数孩子都是独生子女，在家里缺少玩伴，其实很孤单。父母要特别重视与孩子的互动和交流，做孩子的朋友，引导孩子正确地交友，正确地面对人际关系。少儿时期，孩子对人际关系的处理还不是很清晰，需要父母的支持。父母如果能从心理上解决孩子的困扰，让孩子建立自信心，是提高学习力的一个很好的保证，同时也要教会孩子与老师建立良好的师生关系，孩子就会"亲其师，信其道，乐其教"。

4. 培养竞争意识

这个世界是个充满竞争的世界，从远古时期部落间争地盘、争食物的战争，到现在人与人、国与国间的竞争，竞争是永恒的主题。人在人格层面是平等的，但在社会层面是有等级的。竞争不是跟别人比，人跟人没有可比性，只要跟自己比，每天进步一小步，不断地自我提升就是在提升自己的竞争力。挑战与机遇共存，不断地学习、探索、创新，就能获得更多的竞争力。

5. 孩子的自信源于父母的相信

孩子会从父母的状态中解读自己的状态。父母要给孩子充分的肯定和选择的自由。少儿时期，孩子的自我意识已经形成，尊重是他们最渴望得到的，如果一个孩子得不到尊重和肯定，那么就很难建立自信心。自信是一切成功的动力。

青春那些事

青春是什么？青春是一个人从迷茫走向成熟的练习场。

据人口统计学者统计，通过大量的数据研究表明，在过去的 100 年里，平均每过 25 年少男少女们性成熟的年龄就会提前一年，我国目前的少女初潮年龄大致在 12—13 岁之间，男孩子初次遗精的年龄在 14—15 岁之间。与此同时，婚姻登记处统计结果显示：在过去的 100 年间，城市人口结婚的平均年龄是 24—26 岁。

这组数据的强烈反差应该引起每一位父母的重视。这也就意味着孩子们从性成熟到结婚，需要经历十几年甚至 20 年的等待。人口学家把这个时期叫作"性待业期"。孩子们在这个漫长的时期，他们的心理变化是怎样的呢？他们能不能得到应有的关怀、指导、教育和帮助呢？

总是有父母抱怨孩子早恋、抱怨孩子到了结婚的年龄不结婚。从青春期走向婚姻，这样一段路漫长又迷茫，我们总是在跟过去比较，可是我们有没有想过，过去的人们在经历了性成熟以后很快就走进了婚姻，而今天求学、工作和各种外在的条件致使年轻人走进婚姻的脚步越来越慢。

目前大多数的父母和学校都没有给青春期的孩子提供真正的帮助和指导。学校里的青春期教育形同虚设，因为没有专业的老师去讲解和指导。孩子们在学校里得不到有效的指导，而社会对青少年的影响又极为复杂：网络、视频、图片和一些不负责任的媒体，不科学、不准确、不真实、不健康的性信息铺天盖地，给孩子的身心带来了不可估量的影响。于是少男少女们早恋、堕胎、吸毒、入狱……这些问题真的该引起父母的重视。我想任何一个孩子都不愿意制造悲剧，毁坏人生。其根源在于他们没有从正规的渠道得到健康的科学知识，没有培养出正确的价值观，没有培养出负责任的人生态度，才酿成了一幕幕悲剧。

青春期的教育迫在眉睫，刻不容缓，还有一个非常紧迫的原因，就是性病、艾滋病的猖獗。一项报告表明，在艾滋病的感染者中，1/3以上是24岁以下的青少年。青少年已经成了艾滋病的易感人群。因为青少年的理智和意志力不够成熟，自我保护意识尚且不够，因此他们更容易冒险、更容易一失足成千古恨。

虽然国家在这方面也有一些努力，但是教育不能全部依靠学校和社会。今天的父母做得最多的事情，就是下游的"抗洪抢险"，那么我们为什么不在上游"植树造林，防洪固堤"呢？

从积极的意义上讲，青春期的教育是恋前教育、婚前教育的基础。我们的父母不仅希望孩子将来事业成功，一定也希望他们有一个幸福的婚姻、美满的家庭。因此青春期的教育不单单是生理健康的教育，同时也要涉及两性之间的情爱以及性教育。

青春期教育分成生理的和心理的两个部分。

生理健康的知识在孩子四岁的时候就应该传授了。孩子在自我形成以后，就会问："我是从哪里来的？"很多父母苦于不知道如何开口，就如此回答孩子："捡来的、抱来的……"往往带给孩子很多困惑，父母难以启齿多半是因为涉及性器官的介绍。其实，孩子的世界是没有性的那个部分的。我们介绍给孩子这些器官，跟他知道鼻子、眼睛、嘴巴是没有区别的。如果父母真的不知道怎么说，就买一些科普类的书籍给孩子看，孩子就会知道男孩女孩的不同。也可以找一些生孩子的视频让孩子观看。让他了解生命的诞生和孕育。让他知道自己是从哪里来的，解开了他们的疑问，他们也就不会再去从其他的途径寻找答案。

接着是第二性征的出现。第二性征的出现证明孩子已经步入了青春期。据一些调查数据表明，目前大多数女孩月经初潮的年龄在10—16岁之间，男孩首次遗精年龄在11—17岁之间。个体间存在差异性，相差3—5年都是正常的。

下面分别展开男孩女孩的青春期特征，以及呵护方式。

女孩的第二性征

主要呈现有四个方面：

1. 乳房隆起；2. 臀部增厚、突出；3. 皮肤细腻、光滑、柔软，体毛出现；4. 嗓音清脆悦耳。

乳房发育是青春期女孩最早发出的信号。一般来说，乳房的发育是从8岁左右开始，大多数女孩是在10—13岁之间开始发育。乳房发育初期会有一点胀痛感，这都是正常的，处在少女发育期的女孩子尽量不要穿紧身衣，也不要模仿成年人丰胸，这些都会给乳房带来伤害，甚至造成未来泌乳和哺乳的困难，也容易引起乳房疾病。

还有些孩子脸上开始长起了青春痘。一个一个的小红点，又痒又疼的，爱美的女孩子开始烦心这些小疙瘩。开始讨厌自己，甚至不愿意出门。其实这些都是体内激素代谢异常导致的，少吃一些辛辣刺激、油脂类的食品。多吃蔬菜水果，同时注意脸部清洁卫生。慢慢就会好起来。如果特别严重，要及时就医。

我们不仅要告诉孩子科学的生理知识，还要正确地引导孩子面对身体的变化，树立正确的审美观，增强自信心，不盲目的追求。

月经初潮

月经，是女性子宫内膜剥脱，经血从阴道排出的过程。月经来潮，是女性成熟的标志，父母在发现女儿开始出现第二性征的时候，就可以坦率、直白地跟女儿讲解月经的由来、规律，以及卫生巾的使用方法，让孩子做好迎接初潮的心理准备。月经来潮当日，父母可以小小的祝贺，让女儿知道这是她生命的里程碑。

女孩初潮后第一年，月经可能不太规律，每次来的量少，时间短，经过半年到一年后，月经逐渐形成规律，每28—32天来一次，每次约2—7天，因不同的体制，经血量在30—80毫升。少女首次阴道出血，往往会感到恐慌不安，并伴有腹痛、乏力、嗜睡等现象。这些现象，父母要给予更多的理解和支持，并教会孩子如何应对。

经期用品的卫生

月经期，要注意选择有质量、有保证的卫生巾，养成勤换卫生巾的习惯。在使用卫生巾的过程中，如果发现有瘙痒或红肿状态，应立即停止使用，保持内裤清洁，每天换洗。避免穿过紧的紧身裤，以避免给腹部造成负担。过紧的裤子还有可能导致痛经。

保持外阴清洁

每天用干净的温水，清洗外阴，由于子宫内膜的脱落，破坏了阴道的内环境，同时子宫口微微张开，盆腔充血，使生殖器官局部防御能力降低，所以保持阴部的清洁尤为重要。不要将阴部泡在水中，擦洗即可。要用专用的器具和毛巾，避免与他人混用交叉感染。

保持乐观和稳定的情绪

经期少女往往因为身体不适，情绪烦躁易怒。相反的，这样也会影响月经，所以要保持心情舒畅，自我调节，防止月经失调。适当控制运动量，保证休息，如果遇见体育课可以跟老师说清楚。注意饮食，多喝水。同时还要注意保暖，不用冷水，不食冷饮，不坐凉地。

痛经

青春期少女痛经，一般属于原发性的，又称为功能性的，通常是因为生殖器官发育的不健全或体质虚弱造成的。

通常在发育成熟以后,这种情况会逐渐地减退或消失。另外,过度的运动、着凉、食冷也会导致痛经。如果严重,可以适当地使用镇痛、止痛药,最好用中药调剂。也可以用热水袋敷胀痛处。吃一些蜂蜜、香蕉一类的食品,防止便秘,也可消除痛经的诱因。

做好记录

通过记录来观察自己月经是否规律,也便于做好经前准备,如果发现不正常要及时找医生咨询,以便查出原因。

男孩的第二性征以及护理

一般来说,男孩子比女孩子发育的要晚一些,进入初中以后,男孩子的身体变化就会比较明显。

体貌特征

突然个子长高、声音变得浑厚有力量、长喉结、体毛出现等。父母可以通过这些特征,有意识地跟孩子谈起青春期生理卫生的常识,避免孩子心理上的困扰。

小强有一个很不好的习惯,常常把自己换下来的衣服乱扔,弄得家里一团糟,可今天,他一反常态,主动把换下的衣服放在洗衣机里,妈妈觉得奇怪,是孩子长大了吗?还是有什么秘密。当他从洗衣机里拿出内裤的时候,发现上面有黏糊的液体,才明白了孩子今天怎么那么"勤快"了。

男孩子第一次面对遗精,或者做遗精梦,心理上会有很多困扰。因此父母有必要帮助孩子正确地认识遗精现象,消除困惑，卸掉包袱，让孩子坦然地面对这样一个自然的成长过程，是非常必要的。

在孩子青春期的性教育中，父母的角色同样重要。父与子，母与女之间谈论这个话题可能更方便一些。若是单亲家庭，父母可以阅读一些书籍，以聊天的形式跟孩子们渗透，也可以把这些读物送给孩子，让他自己去阅读。同时要鼓励孩子多参加一些户外活动，转移注意力。

男孩子遗精的原因主要有三个方面：

精满自溢

男孩子进入青春期后，睾丸不断产生精子，精囊腺和前列腺液不断地产生分泌物。精子和分泌物在体内储存到一定量的时候，精液就会自动地从尿道排出来。这是正常的现象。

局部刺激

内裤不舒适、睡眠姿势不正确、生殖器受到刺激等，都是遗精的诱因，另外一些生殖器官疾病，也会导致遗精现象的发生。因此，父母要仔细观察孩子的现象找到原因，切不可大意。

外部刺激

一些孩子看了描写性生活的小说、视频、图片等，使思想过分地集中在性的情景上，就导致睡眠时遗精；还有些孩子有手淫的习惯，这些都会导致遗精现象的发生。每月1—2

次遗精是正常的，不会影响身体健康。如果遗精过于频繁，就应该采取措施，或求助医生解决。

处在青春期的男孩子，除了要防止运动损伤外，平时还要注意生殖器官的卫生，这对男性的生殖健康有非常重要的意义，主要有三个方面：

一、养成每天清洗生殖器的习惯

男性阴囊、阴茎皮肤褶皱多，汗腺多，新陈代谢旺盛，身体分泌物也较多，如果穿化纤内裤，通风不良，汗液、残留尿液、粪渣等就会残留在内裤里，容易引起感染。养成每天清洗的习惯，保持阴部的清洁可以避免会阴和生殖器官的疾病。在清洗的过程中，一定要用专用的盆、毛巾，避免交叉感染。

二、勤换内裤

很多人都习惯在洗完澡后换洗内裤，但是到了冬天，洗澡的频率降低，这时一定要注意勤换内裤，特别是有过遗精或手淫的人更要及时更换内裤，否则黏在内裤上的精液就为细菌的滋生提供了环境。选择内裤的时候，要尽量地选择棉质的内裤。

三、不要穿过紧、过硬的裤子

男孩子的裤子不宜过紧、过硬。太过束缚的裤子会使会阴部通风不畅，影响局部卫生，这一点不容忽视。还有一点，阴囊对温度的变化敏感，体积也会随着温度的变化改变，经常穿紧身裤可使阴囊皮肤增厚，睾丸升温，睾丸高于正常温度就会影响精子的发育。此外，裤子过紧、过硬，就会增加了对阴茎头的摩擦，容易引起性冲动。

这些都是在青春期里，男孩子应该注意的生理方面的常识。

性心理健康

与生理健康相对应的是心理健康的部分，性心理的成熟是与人格成长的过程相一致的。少男少女随着身体的发育，慢慢地意识到自己是女人或者男子汉以后，性激素就会促使他们产生性萌动，对异性产生好奇心和神秘感，很想知晓"性"的奥秘，很想探索异性与自己的不同。

有的孩子喜欢买一些异性的"明星"的照片挂在墙上，或者书桌旁，方便随时观赏、陶醉。如果得知哪里有演唱会，就会疯狂地追星。这些事情发生在青春期根本不足为奇，还有些孩子喜欢幻想、单相思，喜欢收集很多异性的图片、信息等。

这些都是进入少男少女性成长的自然反应，父母不必为此忧虑担心。回想我们每一个成年人不都是这样走过来的吗？这个时候的少男少女通常有了性冲动以后，会有一种不道德感伴随，其实这是很多少男少女的心理误区。作为父母要给孩子相应的帮助和指导，给他们需要的知识，并训练他们的自控能力。

在少男少女的交往中，通常要经历三个阶段的变化：

排斥

进入中学以后，就不太容易看到男孩女孩一起嬉戏玩耍的画面。无论是校园里还是校园外，都是同性孩子在一起打闹游戏的场景比较多。偶尔街上碰见异性同学，把头一低，就算看见了，打招呼了。小学的时候一起玩的异性小伙伴似乎也不那么热情了，男孩女孩的交往多了几分害羞和腼腆。为什么呢？

这就是因为孩子的异性疏远期到来了。当女孩子发现自己的身体与异性有不同的时候，她就会感到羞涩不安，生怕男孩的目光放在自己已经发育的胸部上，特别害怕男孩知道自己来月经了。男孩也会害怕女孩看到自己的胡须、腋毛，于是男孩女孩开始疏远。有的女孩子甚至疏远爸爸，怕爸爸发现自己来月经，男孩也会疏远妈妈，怕妈妈知道自己遗精的秘密。这些都是青春期初期的表现，其实疏远的背后，潜藏着对两性差异的神秘感和故作隐藏的心理。

吸引

经历了排斥的阶段，孩子们已经接受了异性间的差异，变得不再羞涩和逃避。他们渐渐地开始对异性产生了爱慕的情愫，就像是一个莫名的磁场，让孩子们相互吸引。

男孩愿意表现出自己，耍酷搞怪无所不能，以吸引更多女孩子的目光。平日里不爱打扮的女孩子，如今也开始关注自己的形象了，引来男孩子的注意和欣赏。那个时候体育较好的、学习较好的男孩女孩通常会有很多异性朋友。

这时候与女同学一起玩耍的时间越来越多，学习上遇见难题，孩子们也喜欢找异性的朋友讨教。孩子们都有一种莫名的感觉：就是有异性参与的活动变得异常的兴奋和有趣，孩子们在这样的滋养下学习生活多了很多乐趣。但这种交往多半不具专一性、排他性和持久性。作为父母，应该鼓励孩子多参加集体活动，引导孩子不要陷入与某位同学单独的特殊亲密关系中。这样会让孩子失去了集体交往的乐趣。

眷恋

孩子慢慢长大，与父母的关系日渐疏远。他们有了强烈的自我意识，也建立了自己的关系网，加上异性间的磁场效应越来越强，孩子们常常会在异性朋友那里得到更多的支持和甜蜜感。此时父母应参与其中，加强孩子的责任心与自尊心，帮助孩子分辨和正视这个时期的情感变化。这是一个非常重要的阶段，如果在这个阶段失去自我控制，后果将永远令人遗憾。

父母的角色在这个阶段就显得尤其重要，既要做孩子的心理辅导员，也要做孩子的人生导师。不仅传授给他们性教育的知识，还要做他们价值观的塑造者。每年都有很多孩子，走向了不可挽回的道路，身心严重受伤，误了学业、误了前途，就是因为没有一个人教会他们该如何去处理这些身体和心理的问题。有很多孩子走向了早恋的阵营，早恋的成因有很多种，在家里得不到爱、错误的价值取向、好奇等等。在孩子人生的关键期，父母能不能给到孩子一份支持，一份关爱呢？我们父母能不能正确地处理男孩和女孩之间的交往呢？

男孩和女孩之间的交往所具有的好奇心、神秘感和向往都是一种自然而然的现象，也是一种自然的表达和需求。如果父母能懂得这样一个发展规律，正确地运用这个时期，引领孩子度过这个时期，那么孩子将会收获一份青春的礼物。

父母应该怎样引领孩子度青春呢？

一提到青春期少男少女的交往，人们就会想到一个词语——早恋。在青少年的情感问题上，不仅两代人的看法大相径庭，青少年自身也是一头雾水。

不知道什么时候"早恋"这个词语就被人们所知晓。什么时候恋爱叫"早"？未到法定年龄的恋爱为早，相信很多人不赞同。未到恋爱年龄的恋爱为"早恋"，那么又如何界定恋爱的年龄呢？世界上所有的国家都对结婚的年龄有规定，但却没有一个国家对恋爱的年龄有规定。那么是根据什么界定的早与晚呢？

很多的父母听到这个词语如遇洪水猛兽，视其为越轨之举，加以责罚和阻止，而能够从科学的角度，充分地理解和引导孩子的父母极为少见。这也是为什么现在越来越多的孩子在青春期出现问题的原因。

细想起来，我们成年人哪一个不是从那个时期走过的？这必然也是孩子们成长的必经之路。他们会从异性的交往中，了解异性、接纳异性，从而认识自己，这种学习和认知，将是他们未来选择婚姻和家庭的基础和准备。很难想象，今天的年轻人，在不经过少男少女时期的异性交往，就能够走进幸福的婚姻。

我国很多的父母都是在做这样一件事情，一方面希望孩子将来能收获一份美满的婚姻；另一方面在孩子最需要两性关系建立和指导的青春期，不但不给予相应的引导和帮助，还常常粗暴压制。结果往往等到孩子的年龄到了恋爱择偶的时候才发现，孩子们在两性关系的方面一片空白，于是包办、紧逼、勉强凑合，往往结果总是不尽如人意。这也是致使现在的离婚率每年都不断上涨的重要原因。

这就好像一个从来没有开过车的人，被推上了司机的位置，然后要求他朝着正确的终点开去。我想任何一个孩子都不愿意当这个被迫的司机，任何一个父母也不愿意去做那个强迫子女上岗的父母。

一个人，不是等到要考试再去读书，而是要先读书再考试。恋爱、择偶、结婚是人生中最重要的一场考试，怎能不经过训练和准备呢？基于这个层面的理解，我们为什么不把"早恋"看作是孩子的"早练"呢？

如果我们的父母和孩子都能把未成年人的这种情感的交流和亲近，当作是人生路上的某种特殊的训练和准备，当作考试前的学习和训练，那么也就不那么紧张了。既然是准备和练习，就要保持分寸和界限，而不是随心所欲。

父母要传达给孩子的是：异性同学之间会有好感、崇拜、喜欢等情感的体验，这些都是正常的现象，但它是不能被定格为爱情的。如果父母能够用这样的心态去理解和引导青少年的异性交往，不去羞辱和斥责，加以关爱和呵护。那么孩子还会把正常的异性交往变为"地下活动"吗？我想这样会避免很多悲剧的发生。

我认为"早恋"根本不是一个问题,它实际上是一个来自于青春期孩子的内心深处的"求助信号",是他们在这个时期异性交往的迷茫过渡期。

少男少女的交往其实是有很多的益处的

(1) 益智

男孩女孩的智力类型有差异,他们经常在一起互相学习,互相影响,可以取长补短,提高彼此智力水平和学习效率。

(2) 丰富情感

人际交往中的关系是微妙的,在与异性朋友的交往中所获得的情感交流和感受是在同性朋友中没有的,女孩情感细腻、温和富有同情心,有使人安静的力量,可以平复男孩的苦恼和挫折感。同样男孩子性情外露、粗犷、富有力量,可以消除女孩子的胆怯和疑惑。

(3) 完善个性

只在同性范围内交往的孩子,心理容易狭隘,而多方面的人际交往,可以使差异较大的个性得到影响,达到互补的效果,情感体验也更丰富,性格更开朗,意志也会更加坚强。

如果父母能够认识到这一点,即异性同学之间的交往,如果不是恋爱,各种类型的交往都会在一定程度上满足青春期孩子的异性交往的兴趣,我们可以把这种交往视为"安全放电"。如果有一些孩子交往的时间久了,彼此有了一定的感情,有时抑制不住内心的激情或冲动,偶尔发生拥抱、接吻或其他的身体接触，只要不是性行为，不产生有害的后果，即使父母有所察觉，也不要大惊小怪，不要强化这种行为的道德含义，而将其视为一种冲动之举，在行为上加以指导和约束就可以了。父母的压制和堵截都无济于事，更应该做的是关心和疏导，正向的去强化孩子们的正常交往。

如果孩子真的早恋了，我们也要让孩子明白：青春期的少男少女的恋爱，大多来自生理上的早熟，肉体的欲望，而并非是真正的爱情，很多孩子还会因为失恋抑郁，影响心情。初恋的感觉是最让人回味的，甚至刻骨铭心的，因为这样一个"未完成的事件"，不成功的事件会让人更加难以忘怀。就像是孩子们参加考试，对的题往往做过就忘记了，而错的题会一直留在印象里。没有成果的初恋景象，大多会深深地映入脑海，使他们一生都无法忘记。

作为父母，教育青春期的孩子的确要懂一点心理学的知识。提醒孩子青春期的恋情，往往都是难以完成的，没有结果的。让孩子们做到"一颗红心，两手准备"，对未来的变故有心理准备，当孩子陷入失恋的痛苦时，就可以劝慰和疏导，让孩子尽快地走出失恋的阴霾，投入到生活和学习中。

一个身心健康的孩子，青春期应该是伴有丰富的异性友情滋养，而又不执着和专注于某个异性同学的关系，更不陷入对某个同学的心理依赖。这样的成长状态，与父母本身对青春期的态度，和指导孩子的方法有密切的关系。

父母能做些什么？

首先是理解。在少男少女的成长过程中，最需要的就是父母的理解。在他们遇见迷茫的时候，父母能够接纳和支持，就是给他们最大的力量。其实，孩子出现早恋现象很大一部分原因是父母造成的。父母不关心孩子的内心世界，孩子在家里感受不到温暖和爱，在外面遇见了自己渴望得到的那一部分，于是便找到了归属感和温暖。早恋就变得一发不可收拾。在这个时候，如果父母打压，一定是火上浇油，孩子会下意识地去保护自己的恋爱对象，远离父母的视线。这样往往就会造成父母出现教育失控的现象，便更难了解孩子的心理变化，以及和孩子交往的对象是什么样的品质。在猜度中控制孩子是很多父母的现状，我们更应该做的是退一步，接纳孩子的现状，先给予承认，在不激化矛盾的前提下，再慢慢地寻找引导和疏导的机会。

其次是引导孩子，正确地树立爱情观。谈恋爱是人生的必修课，但我们必须知道什么是爱情。真正的爱情，是要有相对稳定的人格，有能力抉择的，能够做到互相理解和互相接纳的，双方要有体察对方的能力，有关怀与尊重他人的能力的，承诺责任并付诸行动。成熟的爱是一个发展的过程，青少年是不具备这样的条件和素质的。如果父母能够给孩子这样一份支持和承担，孩子就会把它当作一件严肃认真的人生大事去经历，那么我想，这就会避免很多的遗憾发生。

最后是引领和陪伴。春天是播种的季节，每一个梦想的种子都将在这里得到播种，如果我们错过了播种的时节，就会影响秋天的收获。种子在成长过程中一定遇到各种灾害，把经历当作练习，当成不断修正的契机，才能保证种子的长大，当他长到足够的强大，就不会害怕风雨。

作为孩子的父母，我们应该为孩子的感情发育而感到欣慰，应该由衷的祝福他们，鼓励和引导他们与异性正常的交往，当我们放下了陈旧的观念，孩子也就放松了。如果我们能用更多的时间去关心和陪伴孩子，让孩子的内心丰盈起来，我想就不会有那么多的孩子在青春期出现各种各样的状况。

——— 第五部分 ———

观念决定一切

爱的感悟

父母是孩子的第一任老师,家是孩子的第一间教室。在教育孩子的这个过程中,谁该充当主角?当然应该是父母。

那什么是父母呢?父母等同于家长吗?当然不是。学校有校长、班级有班长、小组有组长。我们发现凡是能称之为长的人,他的价值观念一定是可以引领一部分人的思想的。而今天,成为父母就容易得多,可能一个意外就可以成为父母。从这个意义上说,父母更多的是一个生理的本能,而家长应该是教育的职能。

我们从出生就开始学习,学习使用手脚,学习使用语言,学习情绪表达。等到上学的年龄,开始学习各种文化知识,经过不断地学习和考试最后才能拿到从业资格证。这样一个准备通常要花费至少 20 年的时间。我们为了一份工作可以准备那么久,然而一个人从 20 岁工作到 60 岁也就退休了。而今天,作为父母这样一个终生不会退休的"职业",有没有经过学习?有没有考试?有没有从业资格?答案是惭愧地,我们自然而然地成为了父母,没有经过任何的培训和学习。那么在养育子女的这条路上,必然会遇到很多的困惑。

每一个生命的降临,都是带着父母的无限期待。我们不仅关心孩子的健康，重视孩子的兴趣爱好、智力发育以及心灵的成长，但越是重视，出现的问题反而越多。

当下孩子们的衣食住行都要比从前好很多，按照父母的逻辑，孩子也应该符合自己的期待才是。然而与之相反的情况是孩子厌学、网瘾、手机控、啃老等一系列的现象频频出现。那么问题出在哪里呢？我想是父母缺少正确的教育观念、找不到正确的方法，疏于对孩子心理的了解，从而导致问题孩子越来越多的出现。

目前父母与孩子之间最重要的矛盾是：

1. 父母对孩子有过多的期待，孩子感受到的是，父母的期待大过于爱孩子的本身。

2. 父母常常忽略孩子的正面行为，不断打击负面行为，孩子的自我价值感普遍偏低。

3. 父母缺少透过孩子的行为了解孩子行为的背后动机的能力，致使父母与孩子之间沟通障碍，情感疏离。

懂得是爱的前提，接纳是爱的基础。我们在教育孩子的这条路上走了太多的弯路。这就像是一场戏，台词错了，演得越好越偏离主题。市场经济下，人们总是在追求快速，多多少少有了些浮躁的情绪。

同样的，在养育孩子的时候，人们常常希望能够找到一种方法用到孩子的身上能立竿见影，孩子从此听话、从此优秀。可是我们忘记了，孩子是一个生命体。他们需要阳光雨露的同时也需要时间的等待。

现实生活中，我们常常看到的情况有两种，一种是孩子们永远都有上不完的补习班。几乎从幼儿园开始，很多父母就为他们的孩子报了许许多多的课外班：钢琴、绘画、音乐、舞蹈、书法、英语……我们总想让孩子十八般武艺样样精通，但沉重的负担真的会让孩子越来越优秀吗？恐怕是揠苗助长，适得其反吧！

另一种情况是相对放养的父母，他们喜欢不断地满足孩子的物质要求，他们为孩子挣得金山银山，以为这样孩子就可以衣食无忧，享受万代荣华。他们把孩子送到贵族学校，交给学校和老师去教养。父母包办孩子的所有事物，生怕孩子有一点委屈。这样的"填鸭式"教育、"托管式"教育、"包办式"教育，在目前是很多家庭正在使用的方式。

我们必须要了解的一个事实就是：如今，孩子的智力发育已经远远超越了身体的发育，他们每年所接收到的信息是我们过去几年甚至几十年的总和。我们再也不能用过去的方式去教养今天的孩子，不是孩子问题多，而是他们处理各种信息的能力尚未完善。他们需要有人去指导和帮助。那个人是谁？是老师吗？老师不可能照顾到每一个孩子。而且教学、升学的压力已经让老师们分身乏术。那是社会吗？社会只会去检验你的教育成果。作为家长，这个时候我们必须要从生育的本能向教育的职能转型，承担起教育的任务。

我们养育孩子，最终是要他成为一个真正的人，拥有幸福能力的人。孩子需要被尊重和理解，同时也需要自己去面对成长的路。在这个过程中，我们作为父母既不能在前面拉，也不能在后面推，而是要陪伴左右。

世界上所有的关系都是因为爱开始的。每个人都渴望爱，喜欢被爱包围的感觉。我们会为了爱去做很多事情，哪怕有些事是我们不愿意去做的，但是当我们感受到爱的时候，所有的付出就变得甜蜜。

在我们谈恋爱的时候，我们总是喜欢做一些事情去表达我们爱对方的感受。恋爱时男朋友会耐心地拿着一束花，站在女孩子的楼下，一直等到女孩子下来。还有的时候，男孩子会小心翼翼地送一块巧克力，哪怕攥在手里的巧克力已经融化了。而女孩子其实不在乎鲜花的美丽和巧克力的味道，在乎的是对方的用心。

其实，不单单爱情是这样，所有的感情都如此。在我们教育孩子的时候，有没有想过我们给的爱他们能接收到吗？我们能懂得孩子需要什么样的爱吗？

父母都是爱孩子的，我们愿意为孩子做任何事情，可往往很多时候他们都感受不到，父母的爱给得越多，他们就越会反抗。父母总是希望能得到孩子一些爱的反馈，可是往往事与愿违。为什么呢？因为我们都是在用自己的方式去爱孩子，而那个方式不一定是孩子喜欢的、需要的。所以孩子才会抗拒，才会感受不到。

这就好像，午饭时孩子想吃一碗面条，父母却硬要塞给孩子一碗米饭，并且告诉他米饭好吃，米饭有营养，今天的菜适合配米饭吃……孩子心里是愉悦的吗？

还有一种情况，孩子可能曾经一顿饭吃了15个水饺，这一天，他说："妈妈，我想吃饺子。"妈妈高高兴兴地为孩子准备好水饺。吃饭时，孩子只吃了 10 个。妈妈不高兴了，上次都吃了 15 个，这次没吃饱，差了 1/3，这不行，强迫孩子再吃几个。孩子难道不知道饱饿吗？父母这样做的初心是爱孩子，但是孩子是这样认为的吗？

我们总是活在我以为的世界里，而没有想过孩子想要什么。如果爱没有增加，我们不去接纳和欣赏孩子，那么一切都不会改变。爱孩子不是让孩子成为父母需要的样子，而是让他成为更好的自己。

父母为什么需要学习和成长

父母为什么要学习？

我们常常跟孩子说："要好好学习，天天向上。"有没有想过父母也要学习呢？我们生活中常常会遇见这样的父母，他们总是要求孩子看书，自己却从来不看书，要求孩子快点去写作业，自己却在看电视。要求孩子睡觉，自己却在看手机……你知道孩子是怎么想的吗？"为什么一样的人，我就要读书、写作业、睡觉？你们就可以想干什么就干什么？太不公平了。"于是孩子带着情绪去做父母要求的事情。关系不好影响学习，学习不好影响关系，父母与孩子就这样陷入了一个恶性循环的怪圈。又会有多少成果呢？孩子永远不会听你怎么说，而是看你怎么做，做永远比说重要。想要孩子优秀，父母必须先做到优秀。

还有很多父母，可能会认为，自己能力有限，怎么会教育出优秀的孩子呢？只能让孩子自己去努力了，至于什么样的结果，那只能依靠孩子自己的造化了。其实这些想法是大错特错，我们都看过体育竞技比赛，能获得冠军的选手，他的教练并不一定就是冠军，所以教练并不一定能上场夺冠，但他一定是最会使用方法、最会激励人、最会挖掘人的潜力的。因此父母只要多用心，多了解和学习一些教育方法，是可以培养出优秀的孩子的。

改变从自身开始，用自身的改变去影响孩子的改变。今天多一份父母对子女成长的投入，明天就会少一些挽救青少年偏差行为的成本。家庭教育是父母和孩子共同成长的协同教育，而不是父母静止看孩子远行。孩子问题的本质上是父母教育的问题，养育孩子的过程实际上是我们成年人成长过程中的成熟教育，没有成熟的成年人，不会有成熟的后代，这几乎是一条铁的定律。

教育是一种影响，一种感觉的传递，行为示范大于说教！

父母好好学习，孩子天天向上。

父母为什么需要成长？

我国有很多的学校是教人知识的，却没有多少学校是教人怎么生活过日子的。事实上，我们的所有付出都是为了幸福的日子如何能幸福这门课是一定要补上的。这就像是同样的原材料，有人炒的菜是大餐的味道，有人炒出来就是焦煳的味道，学习与不学习的结果一定是不一样的，就连开车上路都是要考驾照的，教育孩子远比这些事情重要得多，为什么反而得不到更多的重视呢？育人先育己，我们必须要行动起来。

我们无法选择自己的父母，却可以选择成为什么样的父母。不管你曾经的经历是怎样，当你选择成为父母的那一刻起，就需要认真对待。因为我养育的不仅仅是一个生命，更是一个家族的希望，一个民族的未来。

　　我们必须知道的一个事实是：我们养育孩子的经验都来自于父母的传承，那个时代背景下，人们的理念和方法已经不适用于今天的孩子。而我们明明不想重复父母的模式，却不由自主地把父母带给我们的一些不当的影响，再次传授给了孩子，我们总是逃不出那个习惯的模式。为了让这样的模式不再控制我们的生活，我们需要成长和改变。我们也清楚地知道，其实我们每一个大人也都曾经是个孩子，与其说我们陪孩子长大，倒不如说孩子带我们成长。

第五部分
观念决定一切

孩子不一定要听话

几年前,我在一次讲座上,被一个调查深深地触动了。调查者说:"我想调查一下在座的朋友们:1. 您想让孩子优秀的请举手!2. 您想让孩子听话的请举手!3. 您想让孩子将来比自己优秀的请举手!"三个问题问下来,绝大多数的父母三次都举了手,这中间就包括我。是的,我希望孩子优秀,我希望他听话,我希望他将来比我更优秀。这是千千万万的父母都希望的。可是仔细地想一想,是不是自相矛盾的呢?

让孩子听话,如果他做得足够好,结果最多跟父母一样,但凡孩子有一点偏差和懈怠,那么结果就是不如父母,如何去超越父母呢?因为我们永远不可能教给孩子我们身上没有的东西、我们自己不会的东西,这是不是一个很大的矛盾呢?

那么问题出在哪呢?我想应该是我们父母自身的认知出了问题。我们绝大多数的父母都想改造孩子,却很少有父母想要改变自己。他们一直在寻找,试图寻找一种方法,用到孩子身上。所有的问题能立竿见影地解决,孩子从此优秀,孩子从此听话,孩子将来超越自己。会有这样的方法吗?会有这样的可能吗?

今天的父母是一种什么样的状态呢？大多数人都是在没有学习过如何当父母的时候，孩子就已经降临了。还有一些父母，甚至是连怀孕的思想准备都没有做好的时候，孩子就已经出生了。而我们的父母呢？在没有学习过如何当爷爷奶奶的时候，就已经当上了爷爷奶奶。就这样，孩子的教育就在混沌中开始了。我们教育孩子凭的是什么呢？是经验！上一辈人教育我们的经验，现在拿来教育我们的孩子。很显然这些陈旧的方式已经不再适用于"新新人类"的孩子们，于是就出现了无数的棘手问题，让父母难以理解，难以应对。

我们把爸爸妈妈生活的那个环境叫作 A 环境，我们生活的环境叫作 B 环境，孩子将来要面对的那个环境叫作 C 环境。爸爸妈妈那个环境下，他们是可以通过勤劳的双手去改变生活质量的，是可以通过好好学习去改变命运的。于是，我们这一代人都是在分数和名次的驱使下学习的，父母关注什么，我们就朝着那个方向发展。结果是：在我的记忆中，当年学习好的同学，今天做得最多的职业就是老师和医生。那么在瞬息万变的今天，我们是不是还要用那些适应于 A 的环境理论，来教育那些将来要适应 C 环境的孩子们呢？

西方国家早已把家庭教育纳入了婚前的必修课，而我们却还在埋怨我们的孩子不行，我们的孩子不如他们的孩子自立，我们的孩子不如他们的孩子理想明确、目标明确。我常常在微信朋友圈里看到有一些朋友，发一些小视频，或者是照片，内容是外国小朋友的一些校园生活以及家庭生活的场景。有些人会在后面点赞，有些朋友还评论一下："中国哪里有这样的学校？确实有差距！"在我们羡慕别人的成果时，是否反思过我们的教育方式？

我们的孩子是真的不行吗？基因不行？水土不行？还是教育本身出了问题？每当我看到这些的时候都非常痛心，每一位父母都是爱孩子的，这一点毋庸置疑。因为爱所以我们有了爱的方式，爱的方式决定了亲子间的互动方式。孩子们适应这些方式，而选择相对应的模式与父母相处。父母的价值观和信念开始慢慢地影响孩子。从此孩子们的人生有了不同的轨迹。

我曾经听到一个孩子问妈妈："妈妈，我在家里要听你的话，在学校里要听老师的话，那我什么时候能听自己的话啊？"我们有没有想过，让孩子听我们的话，听老师的话，那么孩子就是没有自己的，他生命的自主权就被交到了别人的手里。今天他能听你的话，明天就会听无良老板的话，甚至听坏人的话，孩子的人生不能自己做主是教育孩子最大的失误。

为什么孩子不听话？是因为父母不会讲话，不懂得有效的沟通方式；是因为孩子不信任父母，父母没有起到一个榜样的作用；是因为父母与孩子之间没有一个亲密的关系，孩子没有爱上父母。

我们作为孩子的养育者，是不是要重新审视一下我们的教育方式？孩子不一定都要听父母的话，给孩子一些听自己的机会，把生命的自主权交还给孩子吧！或许孩子会因为我们今天的改变，他们的人生将被重新排列组合。

站在孩子的高度看问题

春节的时候,全国各地都会有庙会,这一天,一位母亲带着孩子去逛庙会,庙会里面聚集了很多人,欢快的歌舞,四处悬挂的彩灯,各式各样的小吃……妈妈很开心,让孩子看这看那,多么热闹的庙会啊!孩子紧紧地靠在妈妈的身边哇哇地哭起来。妈妈有些困惑,这么开心的事,孩子为什么哭了呢?"怎么啦,宝贝?"母亲蹲下来给孩子擦眼泪,无意间抬起头,怎么眼前什么都没有?没有绚丽的彩灯,没有欢快的歌舞……原来这些东西都太高了,孩子什么也看不见,出现在孩子视野里的是一双双粗大的鞋,和过往行人的手臂、包包摩擦相撞。这是这个母亲第一次从孩子的高度观察这个世界,她很震惊,立刻把孩子抱了起来……

当你看到这里的时候你有什么感受?我们一直以来是不是都是站在我们的高度看待孩子的问题的?孩子有不会的难题跑过来问你,你会怎么说?"你怎么这么笨?告诉你几次了还是不会做?这么简单的题都不会?老师没教吗?别的小朋友怎么都会?就你不会?你是不是上课没有好好听讲?"你熟悉吗?这是不是我们惯用的语言模式?我们为什么会这样说?因为我们过往的经历。可是你回忆一下,当我上三年级的时候,回头去看一年级的题目,觉得怎样?是不是当时看似很难的难题，现在都太简单了？

就像那个故事里的妈妈一样，她认为庙会的场景是那么热闹，那么欢乐，而孩子却无聊地哭了。你有站在孩子的高度去看待这个世界吗？你有体会过他们的感受吗？你认为的欢乐和美丽，在他的眼中就一定是快乐的吗？你尊重过他的选择和意见吗？你不开心的时候可以打他、骂他，他不开心时哭一下，还要挨打、挨骂。你有没有想过？在他幼小的心灵里种下了什么样的种子？

孩子是因为父母而来到这个世界的，但他不是为了父母而来的。今天的父母教育孩子通常是采用讲道理的方式，以我是你父母的身份居高临下。今天的家庭普遍是"6+1"模式，即爸爸、妈妈、爷爷、奶奶、姥姥、姥爷6个大人围着一个孩子。孩子喜欢谁，就会听谁的话，为他喜欢的人付出努力。和很多粉丝喜欢和崇拜歌星，愿意为他们付出也是一样的道理。

父母爱孩子是毋庸置疑的，我们愿意为孩子付出一切，但孩子感受到了父母给的爱吗？孩子爱父母吗？今天我们要思考一个更重要的话题，如何让孩子爱上父母、崇拜父母、感恩父母。否则我们讲再多的道理都是废话，甚至遭到讨厌。爱孩子是要站在孩子的角度，看到孩子的需要，给孩子需要的方式，他才会感受到爱。

亲子关系的基础是与孩子的视线平行相当，站在孩子的高度看待孩子的问题。

能够足够地接纳孩子，让他们有选择的自由，给孩子足够的安全感，并且成为孩子的榜样。那么教育就变得轻松愉快了。

其实你一直在放弃孩子

生活中经常有父母会唠叨孩子：你应该这样子，你应该那样子，你这样不对……孩子慢慢地失去了耐心和阳光，变得越来越烦躁。渐渐的，孩子了解了父母的套路，开始消极抵抗。于是唠叨不管用就手段升级，很多父母开始下手打孩子，孩子哭了，妈妈又后悔、内疚、心疼，最后妈妈跟孩子一起哭……妈妈嘴里还不停地说："我打你还不是为了你好，你下次能不能不惹妈妈生气？"这些情景是不是很熟悉？这样做的结果是：直接捣毁、灭掉孩子的自尊，把孩子逼向自暴自弃的深渊。

父母渐渐地开始怀疑孩子，从出生的时候认为"孩子天资聪颖，将来当国家主席都是有可能的"逐渐降低标准。上了幼儿园，父母就觉得孩子"将来考个世界名校也可以"。等孩子上了小学，父母的目标是"考上清华北大"。上了初中，父母的愿望就变成了"如果孩子能考个重点高中也可以"。等到了高中，父母甚至觉得"如果孩子将来能考个三本也行"。是孩子越长大越退步呢？还是父母的标准在不断地降低？都不是，是父母一点一点地在放弃孩子。

近两年还有这样一种现象，二胎政策逐步放开以后，很多夫妻都萌生生二胎的愿望，有的家庭认为有两个孩子会有更多的依靠。也有的家庭认为第一个孩子没有教育好，再生一个重新教育。当我们萌生这样的想法的时候，父母在无形中就放弃了第一个孩子。第一个孩子没有教育好，第二个就会教育好了吗？如果父母不成长，我想被放弃的就不仅仅是一个孩子，而是一个家庭。

还有的父母经常问我："陈老师，我的孩子现在已经上高中了，一切已成定局，是不是努力也来不及了，索性就这样，听天由命吧！"高考就是孩子的人生终点吗？我们为什么要那么早地去下结论，那么早地就放弃了呢？

其实放弃是最大的伤害。对于一个孩子来说，他最信任和依赖的父母都对他失去信心，那么他还能从哪里获得力量呢？教育孩子没有早晚，上了中学，上了大学又如何？年过花甲仍然可以创业呢！

放弃孩子最根本的原因不在孩子，在于父母的自我放弃，因为父母的能量不能支撑起孩子的未来。有很多的父母连自己的形象都不顾，尤其是很多妈妈，有了孩子以后每天灰头土脸，不修边幅。她们不要求事业进步，每天耗在家里，话语中不是指责就是抱怨，孩子在妈妈身上得不到正面反馈就会丧失自信。而这些负向的影响，潜移默化地每天都在进行着。

我记得有很多的报道，有些孩子讨厌农村的妈妈到学校去看孩子，从道德的层面我们都会为妈妈感到难过。但是我们换个角度思考这个问题，为什么孩子会对母亲如此抗拒？我想，每个孩子都喜欢外在光鲜、内心有力量的父母，这样的父母给孩子带来的是自信和力量。而外在令孩子难为情的父母是不容易带给孩子力量的。

一个人的内在发生变化，全新的观念和思维，就会影响外在的呈现。人生的起点并不一定在校园里，任何时候只要开始就不晚！不要轻易地放弃自己，更不要轻易地放弃我们的孩子。

教育等不起、伤不起

一个好的教育一定是社会、学校、家庭三方结合的。往往我们更多的家长看到的只是学校教育，要的是学习成绩，要的是班级名次，忽略了孩子其他方面能力的培养。我们一直在等，等学校，等教育机构帮我们解决问题。

人的一生中要扮演很多角色：男孩、女孩，男人、女人，丈夫、妻子，爸爸、妈妈，爷爷、奶奶。如何做父母，我们还没来得及思考，就已经走进了这个角色。现在我们要做的就是引领我们孩子，做好男孩女孩，做好男人女人，最后成为丈夫妻子、爸爸妈妈、爷爷奶奶。如果男孩女孩都没有养育好，那将来他们会成为合格的父母吗？我们还在等什么？

近几年，越来越多的媒体、新闻报道出很多明星子女的丑闻。大家在看到这些消息的时候瞠目结舌的同时，有没有想过为什么会有这样的结果？因为忙？因为没想到？因为挣钱比教育孩子更重要？在养育孩子的过程中，我们是否思考过这样的问题？结果却总是让人痛心疾首。孩子的成长是不可逆的，3岁、5岁、10岁过去了就再也无法重复，没有机会让你回头重新改错。任何事业上的成功，也弥补不了家庭教育的缺失给一个家庭带来的伤害。

如今的孩子活动的范围越来越宽广，而心灵的空间却越来越狭小了。外在的压力越来越大了，内在的动力却越来越小了。有太多的孩子因为家庭教育的缺失，走向了万劫不复的深渊，给家庭带来的是永远也难以弥补的遗憾。

中国式的父母没有问题的时候相安无事，有问题的时候手足无措，悔恨已晚。今天的父母，需要重新思考一下，我们要的是什么？什么才是最重要的？其实所谓的忙，只不过是我们懈怠和不重视的借口。把时间放在哪里，哪里就是重要的，把时间放在哪里，哪里就会有成果。时间是最好的检验师，到最后它会让我们了解什么才是最重要的。

你现在顾了自己的口袋，

必将误了孩子的脑袋，

今天用你的口袋顾了孩子的脑袋，

明天孩子的脑袋将鼓起你的口袋。

有一位来访者，跟我讲述了这样一个事实：今年读初中的女儿怀孕了。他很痛苦，希望能得到我的支持。仔细问来，这位父亲一天到晚忙于生意，没时间教育孩子。他总认为孩子还小，说太多的道理她也不懂。等长大一点再教育也不迟。爸爸妈妈都忙，孩子在家里得不到爱，只有保姆关照孩子的起居生活。到了青春期，女孩心中对爱的渴求更加强烈，有一个男孩子多关心她一下，她就感到无比的温暖，刚好那份温暖是她向往已久的。发生了后面的事情，也就不奇怪了。这个爸爸却还蒙在鼓里，怎么也想不明白。

女孩子的身体和心理上承受了巨大的打击，一度想要轻生，后来参加训练营，做心理咨询，足足用了三年，才慢慢地好转。三年啊，一个女孩子最宝贵的三年，当其他的孩子都在努力学习的时候，她在痛苦的挣扎中。当其他的同学都学业有成的时候，她还在追赶的路上。

农民种田不好误一年，孩子教育欠佳毁的却是一生。因此，父母要学习、父母要改变、父母要准备，更要重视。今天是昨天的选择，明天是今天的选择。

不要认为留给孩子更多的物质财富才是爱，再多的物质财富都有散尽的一天，给孩子一个成长的陪伴，才是他一生用不尽的财富。

教育孩子，等不起！伤不起！

——第六部分——

孩子世界里的父母

孩子不喜欢的妈妈

在孩子的世界里,妈妈只有两种:一种是好的,另一种是不好的。我相信每个妈妈都是爱孩子的,都会尽最大的努力去爱孩子,可为什么我们收获的结果却各不相同呢?因为在很多时候,妈妈都是在用自己认为正确的方式去教育孩子。那个方式未必就是孩子喜欢和接受的。累坏了妈妈,也苦了孩子。

孩子不喜欢的妈妈是什么样的呢?

"保姆"一样的妈妈,你的事就是我的事

今天有太多的孩子是"衣来伸手,饭来张口"。大大小小的事情,都是父母一手包办的。有很多的孩子到了上学的年龄,还不会自己系鞋带,不会自己穿衣服,正是因为有太多的保姆式的妈妈存在,孩子已经到了可以掌握基本技能的年龄,妈妈还是从心理上认为孩子做不到。担心孩子受苦、受累、受伤。长此以往,孩子失去了体验的机会,也就丧失了动手的能力。

事实上妈妈每代劳一次,孩子就减少了一次锻炼和竞争的机会。今天的妈妈更应该做的是,遵循孩子的成长规律,从小培养孩子的动手能力，在孩子遇到困难的时候，给他提供帮助，提高孩子的独立性，在孩子实践的过程中耐心地指导，真诚地鼓励，让孩子找到自信和力量。

无条件的满足孩子

我们经常会听到小朋友这样要求妈妈："我想要这个玩具；明明买了个新书包我也想要；我不想吃这个，我要吃那个……"绝大多数妈妈的答案是："好，只要宝宝喜欢妈妈就给你买"。现在的家庭绝大部分都是独生子女，孩子的需求，父母会竭尽全力地满足，如果不能满足，通常还会感到愧疚。孩子是很聪明的，他们看到了父母的心理，要求不断地升级。如果父母不满足，就会哭闹，甚至是采取策略，直到目标达成。

这种无条件地满足孩子，会让孩子自我中心意识膨胀，凡事都考虑自己，不顾及他人的感受，一旦孩子离开父母，当别人无法满足自己的时候，就容易产生矛盾和冲突。父母要懂得拒绝孩子的不合理的要求。让孩子明白，工作的艰辛和金钱的来之不易。自己想要得到的东西，是需要通过努力去获得的。

对孩子的过度保护

每一天，都会有儿童受伤的事件发生，每当看到这些的时候，妈妈都是神经紧绷，都会唤醒我们严加看管孩子。但有时候过度地保护，反而会害了孩子。

教育孩子不要跟陌生人说话是对的，不要轻易相信陌生人也是对的。但是在实施的过程中,我们要跟孩子讲清楚,哪些是要拒绝的,哪些是值得鼓励的,否则就会影响了孩子的交往能力。当孩子与别人闹了矛盾之后,部分妈妈会告诉孩子以后不要跟×××一起玩了。妈妈的出发点是好的,但是事实上,孩子应该从这样的摩擦中学会与人相处、与人沟通,而不是逃避。让孩子长大,不是把他紧紧地搂在怀里,而是放手让他去独立。

"唐僧"一样的妈妈

看过《西游记》的朋友都知道,唐僧的法宝是念紧箍咒,也就是不停地唠叨。从早上起床开始:"赶快起床,睡懒觉可不好,要养成早睡早起的好习惯。"学习时:"要书写工整,做题认真,不能马虎,三心二意就会出错。"吃饭时:"要吃点青菜,少吃一点肉,再喝一点汤。"放学回家时:"作业写完了吗?要先写作业再玩,写完作业还要预习一下明天要学习的课程……"

慢慢地,我们会发现孩子在妈妈的唠叨下,失去了耐心和阳光,变得越来越烦躁,甚至是妈妈说第一句孩子就有可能知道接下来要说什么,从过去唠叨到现在甚至未来。悟空心烦的时候恨得不能杀了师傅!你有没有让孩子心烦的时候?

当妈妈唠叨的时候有没有想过孩子会有怎样的心理变化?孩子在听惯了妈妈的唠叨后通常有三种情况。1. 看天。孩子早已经习以为常,满脸不在乎,左耳进,右耳出。反正已经习惯了,妈妈说前一句,孩子都能猜到后一句要说什么。2. 看地。表面上看这样的孩子态度很好,但是这种厌烦会将他们推向极端,要么失去自我的顺从,要么长大以后就反叛。3. 对抗。长期的唠叨会让孩子失去了阳光,越来越烦躁。孩子总是带着情绪,就无法静下心来做该做的事情。

今天很多的妈妈都在做只有输出、没有输入的工作。孩子人为地将这些信息都屏蔽掉了,妈妈说的输出是没有意义的,孩子能够听进多少父母希望他们听到的东西,取决于他们内心的情感反应。如果从开始就是抗拒的,那么输入的越多影响就会越坏。

"警察"一样的妈妈

警察和妈妈怎么会联系在一起呢?事实上有很多的妈妈正扮演者警察的角色。警察就是不断地纠错,她永远看不到孩子的优点。有很多的妈妈会认为:孩子的错误不改正不得了,优点不表扬跑不了。有些妈妈怕孩子骄傲,不断地打压和比较。

当我们把自己的孩子跟别人的孩子比较的时候,有没有想过,我们也许是在用孩子的短板跟别人的优势在比较,而孩子的特性是由若干个优点和缺点共同组成的,并非单独地存在,父母却常常将他们当中的一个缺点揪住不放。把这个缺点无限地放大,直到忽视了孩子的其他的若干个优点。当我们这样比较的时候,孩子是更有动力呢,还是更无力呢?孩子可不可以把父母也跟别人家的爸爸妈妈比一比呢?为什么别人家的妈妈开的是奔驰,我的妈妈每天骑电动车送我?为什么别人家住的是别墅,我们却住在只有几平方米的小屋？当孩子也用同样的方式去比较父母的时候，父母的感受又如何呢？

每个个体都是不同的，为什么要用相同的标准比较呢？一味地校正孩子的缺点，最后孩子会成为平凡的人还是不平凡的人呢？答案一定是平凡的人。因为我们都是按照平凡人的标准去比较的，而不平凡的人通常是那些没有可比性的。

爱孩子就不要吝惜我们的赞赏，不要让孩子总是在证明给妈妈自己有多优秀。表扬多用，优点越来越多，批评少说，缺点越来越少。没有一个人会拒绝欣赏自己的人，我可能不一定喜欢我欣赏的人，但我更喜欢欣赏我的人。

妈妈爱孩子是没有条件的，不是孩子做到什么样子，才能得到妈妈的爱。不要让孩子每天都疲于证明自己配得到妈妈的爱。

"法官"一样的妈妈

法官是用来宣判的，在证据面前说话的人。孩子一次考试成绩不理想，妈妈就会找出无数的证据来证明这个结果：上课不注意听讲，作业完成得不好，有一次还跟同学逃课……证据确凿开始宣判：我看你就没有多大出息，再这样下去，将来扫大街都没有人愿意用你……

孩子成绩不好一定是有原因的，能力不够，动力不足。妈妈不能轻易给孩子宣判。一个人越来越进步不是宣判来的，而是努力来的。我相信很多的孩子不是因为能力的问题，而是动力不足。

想让孩子成为什么样的人，要经历三个步骤：定为、装为、成为。(1) 定为：想让孩子成为一个学习好的人，我们就要给孩子一个这样的身份定位，不断地去正面地强化孩子的优点：爱读书、做题很快、思路清晰、努力认真……我们先把孩子定为是这样的人，孩子慢慢地就会相信自己是这样的，我们不断地强化，孩子就会不断地朝着这个方向努力。(2) 装为：孩子最开始也许是不具备这样的素质，但是如果妈妈认为孩子就是这样的，孩子就会努力地装成妈妈心中的样子。一开始会比较刻意地去做一些事情，但只要妈妈坚信，孩子就会一直装下去。(3) 成为：装的时间久了，孩子无形中就养成了好习惯，那么慢慢地就会成为我们希望的样子了。

"将军"一样的妈妈

将军的特质，下命令，专制，不顾及别人的感受。

很多妈妈打着"我是你妈，我都是为你好"的旗号，命令孩子必须要怎么做，应该怎么做，如果做得不好还有可能"武力解决"。所谓"强母多弱子"就是这样的道理。

"压迫"下的孩子，通常会有两个极端：

一是失去自我，过分听话，没有主见，没有价值感！

经常生活在强压下的孩子，会陷入一个自我否定的怪圈子，反正我的观点也是错的，也是不被认可的，那我索性就没有观点了，你们怎么说，我就怎么做就好了。我存在的价值也许就是完成妈妈的指示……

二是逆反

哪里有压迫哪里就有反抗，或许在孩子小的时候还不明显，因为孩子本身是对妈妈有先天的依赖的，但是孩子慢慢长大以后开始有了自我认知，他们就会失去了对母亲的服从意愿，更多的时候是听从自己内心的声音，他有自己的评判和观点，以往内心积聚的情绪就会开始爆发。即便是不爆发，孩子也会采取不同的方式去反抗、逃避妈妈的管辖，往往教育的成果没有，反而给教育增加了难度。

孩子喜欢高能量的妈妈

能量这个词语,是最近这些年才兴起的。一个人的形象和气质、信念和价值观、修养和道德等组成了一个磁场,如果这个磁场是积极的、乐观的、向上的、具有影响力的,那么它就是一个强大的正能量场。

孩子喜欢什么样的妈妈呢?当然是勤奋好学、自信活泼、亲切善良、幽默智慧的妈妈了。妈妈喜欢看书学习,妈妈是我的百科全书,妈妈是我的开心果,妈妈是最漂亮的妈妈。拥有这样的高能量的妈妈,孩子脸上洋溢的是自信和幸福。

如何做一个高能量的妈妈呢?

首先,要让孩子爱上妈妈的外在。

妈妈爱孩子是毋庸置疑的,这一点不需要改变,孩子怎样爱上妈妈?才是妈妈的功课。经常有新闻媒体报道农村的孩子不喜欢妈妈到学校去看孩子,我们在道德的层面都会去谴责孩子同情妈妈,其实从另一个层面来看这个问题,为什么孩子会拒绝妈妈?因为孩子见到的妈妈是让自己内心很糟糕的,因为妈妈不能带给孩子自信和能量。

其实有很多的妈妈都是这样的,生了孩子以后开始不注重自己的形象,灰头土脸,不修边幅,不用说孩子,就是外人也不喜欢啊。母亲是孩子重要的自信来源,千万不要浪费掉这个资源。给孩子树立一个自豪的榜样,这对于孩子的人生是有很大的帮助的。一个人永远都无法改变别人对自己的第一印象,只有时时刻刻保持最好的状态,才能悠然地迎接随时可能到来的检验。

其次,提高内在的修养。

婚姻生活注定有太多的琐碎和凌乱,成为妈妈以后,很多女性慢慢开始淡出工作,回归家庭,一堆堆待洗的衣服,永远收拾不干净的屋子,不听管教的孩子。家庭的事琐碎而费心,很多女性不断地挣扎,于是抱怨、指责、挑剔成了她们生活的主题。其实换一个方向去思考这个问题,家庭和孩子才是一个人一生的事业,任何时候都要用智慧去武装自己的内在。

婚姻里的女人,最重要的不是为家庭做牛做马、奉献一切,而是努力地成长自己。如果一个人的内心得到成长,那么她的观念和思维就会发生改变。内在拥有的就会从外在呈现出来。有时候,我们不能说得清楚给了孩子什么,但是就是这种潜移默化的影响,远比我们教会孩子本领更重要。

孩子总会长大,我们储备的东西总有用尽的时候,等到那个时候再起学习成长,恐怕孩子已经对妈妈产生了不屑。如果是那样,妈妈一定是那个最受伤的人。所以,任何一个职业都需要不断地进步,更何况是孩子一辈子的妈妈呢?

妈妈是孩子心灵的守护者

母亲对于一个孩子的影响是深远的,持久的。我们的心性,绝大部分都来自于母亲的影响和传承。一个民族的素质其实都取决于母亲的素质,母亲用推动摇篮的手推动世界。母亲需要为孩子支撑起一片心灵的空间,将优良的品格传承下去,这些品格将伴随孩子的一生。

善良

善良是什么呢?从前,我们理解的善良是做好事,是帮助别人,后来我们发现善良的人都失去了自我。所以我认为,善良一定要有弹性,要有底线。我们教育孩子善良的同时一定要教会孩子灵活,否则你的善良是一定会被别人利用,也不会持久。

什么是灵活呢?就是要懂得分辨一件事情会不会给自己带来伤害,会不会给自己带来快乐,而不是盲目地跟随一个原则、一个规矩、一个道理来做我们不高兴的事。当我们做善良的事的时候,要问问自己,这一刻我是快乐的吗?如果是快乐的就去做,如果不快乐,那就有可能不是善良,而是软弱、讨好、迁就、忍受……有了灵活,就会避免很多的伤害。懂得分辨,善良收获的才是快乐。在快乐的推动下,才会做一直善良的事。

不管是孩子还是我们成人,在作出决定的时候应当先问问自己的感受。如果收获不到快乐,那么那个善良是没有意义的。如果是不快乐的我们就可以拒绝。这样,孩子从小就会对自己的快乐负责，他的快乐是掌握在自己手中的，而不是他人，不卑不亢也就是这样养成的。

自信

我们都知道表扬可以改变一个人，批评可以打击一个孩子的自信心。鼓励和表扬是妈妈经常要做的事情。那是不是要频繁地表扬呢？不是的，孩子在短时间内是很难做很多值得表扬的事情，我们要抓住孩子的优点做有质量的表扬，避免应付式的表扬，例如："你真棒！你真厉害！你真聪明！"这是初级赞美，孩子听到这些话没有指向性，不知道自己好在哪里。要用"高级的赞美"，高级的赞美是赞美过程的，证明孩子的努力我们是看得到的，在这个过程中我们是一直关注孩子的。我在这件事里看到你是怎么做的，哪一点是我觉得特别意外和开心的，多问孩子是怎么做的，这样不断地强化，孩子就会越来越自信。如果孩子不够自信，多鼓励他试试看，多强调你可以的。

正直

每个人的一生，都是一个选择的过程。在这个过程中，他们需要一个"导航仪"来引领孩子走向正确的路径。我们不仅要在重大问题上帮孩子把握好方向，在日常的生活琐事上也要点滴渗透。如果一个母亲对培养孩子的责任感、正直、和忠诚给予足够的重视，那孩子的价值观念系统就会被建立，这将成为孩子最宝贵的财富，其实妈妈是孩子最好的榜样。如果母亲不规范自己的言行，那么孩子就会失去了行为的向导。

界限

我们对孩子爱的界限要适当地放宽，尤其是孩子大一点以后，他们对自由是渴望的，不要用我们的界限，让他们跟我们的亲近感远离。给孩子一些空间，一些信任，他们毕竟是独立的个体。有了界限就不会失望和强求，母亲也不要因此感到失落，孩子终有一天是要离开的，去过他自己想要的生活，而不是你认为应该的生活。

与此同时，妈妈也要帮孩子划分好与外界的边界。我们生活在一个"危险的世界"里，在这个世界里，放眼望去，毒品、酒精、性，各种文明的阴暗面存在着，妈妈要用正确的方式把正向的信息传达给孩子，而不是让他自己去找答案。什么是该做的，什么是应该远离的，要让孩子明确这个界限。

生活常识

妈妈是孩子生命中的守护者，世界上有很多爱都是为了相聚，只有一种爱是为了分离，那就是妈妈与孩子的爱。现在的教育体制决定了孩子每天都在学习知识，孩子学了很多知识却一点常识都没有，高分低能是多少孩子的现状，我们所学习的一切最后都是要为生活服务的，如果你生活的能力都没有，要知识有什么用呢？不要过分地包办代替，给孩子尝试的机会，经验都是在实践中不断积累的，规律也是在实践中才会被发现的。学习只是生活的一部分，而不是全部。

让孩子学会生活，体会生活的乐趣。成长中不是只有学习，不只有成绩。不会生活的孩子，等到自己组建家庭的时候，婚姻也不会幸福，亲子关系也不会和谐。养孩子是一个未来的成果，一切的努力都是为了生活得更好。

爸爸去哪了

中国式家庭教育的一个普遍现象,是父亲不参与家庭教育,只负责物质供给,结果出现问题后都是妈妈的责任。这一模式几乎统治着中国大多数的家庭。缺失的爸爸+焦虑的妈妈=崩溃的孩子。事实上,父爱的缺失带给孩子们的缺憾是无法弥补的。

心理学的大量研究表明,爸爸对孩子的自我认定、自我价值感的影响,比妈妈更大。"男子如天,宽阔包容,女子如地,厚德载物。"妈妈带给孩子的更多的是品格教育,而孩子的自信、力量来源于爸爸。为什么我们的男孩子不再那么阳刚,女孩子不再那么柔美?大都是因为爸爸在家庭教育中的缺席导致的。

这是一位父亲的自述,在他的经历中,有过这样一段记忆:

那是儿子四岁半的时候,我工作比较忙,每天都忙于公司的事务,经常九点多才回家。通常在我到家的时候孩子已经入睡了。有那么一天,我到家的时候他没有睡,听到我开门的声音,他马上跑过来抱我。我问他:"儿子怎么还没有睡呀?"他说:"爸爸,我在等你回来啊!"我说:"哦,那我回来了,你该去休息了吧?"儿子这时问我:"爸爸,你能告诉我你一天能挣多少钱吗?"我说:"几百块吧,你问这个干吗?"儿子说:"爸爸,那你可不可以借给我几百块钱?我长大了还给你。"我问他:"小孩子要钱干什么呢?你需要什么爸爸妈妈都可以给你买的呀?"儿子说:"爸爸,你都好几个星期没有陪我玩了,我想让你这周六陪我和妈妈去动物园,我给你钱发工资,你陪我们去玩好吗?"我愣了很久,不知道该如何去回答孩子的问题。我以为整日的忙碌,可以给孩子一个更好的未来,孩子却想着用未来换取爸爸的现在。我忽然明白了,也许他所要的并不是我能给他挣多少钱,给他一个什么样的生活。他要的是在他成长的过程中爸爸的陪伴……

我们有没有真正地去思考过,孩子的成长过程中需要的是爸爸什么样的爱?养育孩子真的不只是妈妈的事。中国古代的智慧,就明确了父亲在家庭教育中的重要性。"养不教,父之过",就是对父亲在孩子教育中的角色最生动的解释。

为什么今天爸爸总是在育儿过程中缺席呢

首先,是爸爸自身对孩子的影响的重要性,并没有足够的认识。很多爸爸还认为养孩子不是男人该做的事。

其次,几乎所有的爸爸都是从孩子一出生就被排挤在育儿圈之外的。男人的手脚天生比较硬,看到幼小的孩子就会不知所措。加上男人本来就不具备照顾孩子的逻辑,很自然的,在孩子出生后,照顾孩子的任务就不会选择交给爸爸。

爸爸自身就有一种无法参与的感觉，加上孩子天性是黏妈妈的，孩子与妈妈之间天然亲密的本能，会让爸爸觉得孩子更喜欢妈妈。最后整个社会的文化暗示就是：不用爸爸来照顾孩子，爸爸最重要的任务就是挣钱养家。其实爸爸也很苦恼，不知不觉地就被边缘化了，成了挣钱的机器。这种暗示如果不经过调整，很容易就形成父亲与家庭教育的剥离。

事实上，孩子过了3岁，与妈妈心理上分离以后，他就会开始找爸爸，特别期望得到爸爸的肯定、赞美、认同。爸爸最擅长的事情，的确不是去抱年幼的孩子，不是去换洗孩子拉尿的布片，但这并不代表孩子不需要爸爸的陪伴。爸爸最好的陪伴是陪孩子做游戏，在游戏的过程中，让孩子感觉到爸爸是喜欢我的，爸爸是爱我的，从而获得价值感的认同。而妈妈在这个关系中，要充当起桥梁的作用，给孩子和父亲创造独处的机会。

缺失父爱的孩子：性别认同感不清晰

在养育孩子的过程中，爸爸能带给孩子最重要的一个部分就是"孩子性别的认同"，而这个部分只有爸爸可以给孩子。爸爸要对儿子说："你是我的好儿子，你真像我，你真棒，你真勇敢，你是爸爸的骄傲。"这是对男性的认同。爸爸要对女儿说："我很高兴成为你的爸爸，女儿（女孩16岁前要称她为女儿），爸爸有你真幸福，你知道你对爸爸有多重要吗？"这是对女性的认同。性别的认同只有爸爸去做才更有力量。如果一个孩子性别感缺乏，当他遇到事的时候就会退缩逃避。本能的自我保护，缺乏价值感。

同性恋是大家一直以来都比较热议的一个敏感话题，同性恋的形成固然有很多社会因素，但家庭因素也占了更大的比重。即使不成为同性恋，现在也有很多的孩子喜好混淆，男孩子喜欢女性化的饰品，女孩子喜欢男性化的打扮。大都是因为孩子性别认同做得不到位。孩子才会自我性别概念不明确，人生的方向不明确。

缺失父爱的孩子：责任感不强，边界不清晰。

如果一个孩子在成长过程中缺少爸爸的陪伴，孩子在做事的时候就会缺少自信和力量，责任感就会不强烈。没有责任感就没有边界，好事与坏事不清晰，该做与不该做分不清，男女之间的界限也不会划分，孩子就容易侵犯他人，也容易被别人侵犯。

缺失父爱的孩子：格局和境界受限

世界不全是男人的，但我们不得不承认，世界是由男人主宰的。男人和女人的思维模式是不相同的，很多时候，他们是先觉后知，可能他不知道为什么是那样做，但是他感觉那样是对的。而女人往往是先知后觉，有时甚至是知道了，都不见得觉察。这是由女人的大脑结构决定的，是难以超越的，所以一个母亲永远不能代替父亲对孩子的引领。

爸爸应该教会男孩子什么

在一个男孩子的成长过程中,可以分为3个阶段:

0到6岁:温柔岁月

男孩子在6岁之前,与女孩子的差别不大,但是男孩子对于分离的焦虑感会明显强于女孩子,因此在6岁之前男孩子的安全感的需求要大于女孩子,这对于养育者是非常重要的,如果父亲参与其中,就会给孩子很大的帮助。因为安全感破坏了,会影响孩子的大脑发育,影响孩子与人合作,甚至探索世界的勇气。这个阶段爸爸跟孩子的游戏非常重要,可以带领孩子一起玩一些男孩子的游戏。例如:拼搭积木、爬山、野外宿营、甚至是打架……孩子会在男性之间的交往中学会合作、学会感同身受。

7到13岁:尝试做男人

随着睾丸激素的不断上升,在这个年龄段,男孩子的性征渐渐地明显,孩子开始寻找一个同性的偶像,并朝着那个方向开始模仿发展。中国的孩子在这个年龄应该是在上小学的阶段,如果父亲在这个时候缺失,孩子就会表现出自律性差,养成成瘾性人格。有很多的孩子网瘾、早恋、离家出走，都是在这个年龄开始出现的。还有一个原因，是因为男孩比女孩要发育迟缓一点，所以在约束力上会弱一些。这个时候的孩子迫切需要一个模仿的榜样，带领孩子朝着男人的阶段迈进。爸爸可以把自己小时候的事情讲给孩子听，不要让他对男人有神秘感。可以尝试着让孩子做一些男人该做事情，像换灯泡、保养车……带孩子体验男人的责任和义务。

13岁以上：向男人进军

在这个阶段，孩子会颠覆原来心目中的父亲的偶像形象，他开始挑战爸爸的权威，有自己的见解和思想，并强烈地想要表达出来。这个时候，父亲要了解孩子的这个特殊时期，避免不必要的冲突。对于男孩子来说，一些有组织的活动，有秩序的人群，会给孩子一种安全和踏实的感觉。很多孩子喜欢在这个时候与一些哥儿们一起集体活动。这个时候的父亲要引领孩子做的事情是：帮助他处理情绪、化解冲突，尤其是在不高兴的时候和有压力的情况下怎么处理人际关系。在这个阶段，男孩子会疏远母亲，父亲要处理好与母亲的关系，这是孩子将来与异性交往的基础，也是孩子了解异性，和融入异性生活的途径。

18岁要给孩子一个难忘的成人礼，告诉孩子长大成人以后意味着什么。孩子会在与父母的亲密关系中获取幸福感和力量。

除了生理上的变化和关注以外，父亲还要把一些优良的品格传给孩子：

责任与担当

父亲要把担当的品格植入儿子的心中,担当起家庭的责任,担当起社会的责任。充分发挥自己榜样的力量,让孩子去模仿你。担当从保护妈妈开始,妈妈是孩子至亲至爱的人,妈妈把孩子带到这个世界,爸爸不在我要像个英雄一样,担当起保护妈妈的重任。天黑了,妈妈"怕黑"怎么办?我来带路,让男孩子从小学会当别人的依靠,为别人带路,我就是那个带路的人。路上遇见小狗,妈妈"怕狗"怎么办?让孩子来保护妈妈。

我就是一个怕狗的人,我小的时候曾经被狗追过,所以这个阴影一直都在,只要是见到狗,无论大小都会害怕,我的焦虑和害怕同时也带给了孩子,他也怕狗,他的害怕都是通过我的神情和动作接收到的。有一天,我们一家三口在楼下遛弯,突然有一只小狗从树林里跑出来,爸爸灵机一动,"儿子,妈妈怕狗怎么办呢?"孩子说:"爸爸保护妈妈。"爸爸说:"是的,男人就是要保护女人的,那如果爸爸不在怎么办?"孩子鼓足了勇气,站在妈妈前面,"妈妈,别怕,我来保护你,不许欺负我妈妈。"其实当孩子站在我前面的时候,我能感受到他也是害怕的,但是在那个时刻他依然张开双臂挡在了我的前面,男孩子的力量被激发出来了,我能感受到那份强大。此时,那个曾经依偎在妈妈身后的小家伙就像一个小英雄,从此"不许欺负我妈妈"成了孩子时时刻刻保护妈妈的口头禅。不要小看这样一个简单的动作,孩子真的比我们想象的强大，没有体验就没有激发的力量，孩子并不是我们想象的那么胆小。

爸爸要教会儿子为自己犯下的错负责。每个人都会犯错，我们小时候犯了错以后最害怕什么？怕爸爸妈妈打骂。那么为什么父母在孩子犯错的时候要打骂呢？我们做过调查，几乎百分之九十五以上的父母都曾经打骂过孩子。父母打骂孩子的原因主要有两个：1. 情绪激动无法控制，找不到释放的出口，找不到解决的办法。2. 打骂孩子没有后果。虽然《中华人民共和国未成年人保护法》中明确规定，家长不能打骂孩子，但是真正实施起来，父母打了孩子，警察真的会把父母关起来吗？把父母关起来谁来照顾孩子呢，亲子关系又该何去何从呢？

其实有智慧的父母是不需要打骂孩子的，优秀的孩子也不是打骂出来的，如今再也不是那个"棍棒底下出孝子"的年代了。打骂是最糟糕的处理方式，因为在孩子的逻辑里："我错了，你打了，我就还完了。"打骂过后再让孩子去承认自己的错误，得到的只是口头上的应付，达不到教育成果。父母真正地教育孩子，就是要在孩子犯了错之后，让他为自己的错负责。

有一个孩子，他非常喜欢踢球，一到周末他就喜欢叫上几个小伙伴在楼下踢球。这一天呢，孩子玩的正高兴，只听见"嘭"的一声，邻居家的玻璃被足球打碎了，邻居阿姨找到家里，爸爸赶紧道歉，他虽然也不高兴，但是他没有打骂孩子。他带着孩子去邻居家量了玻璃的尺寸，然后带着孩子去建材市场买玻璃,回来给邻居家装上。装的过程中爸爸对儿子说:"我们要动作快一点,如果到了晚上玻璃还没有装好,就会有风吹进来,万一下雨了,雨也会淋进来。"儿子点点头,在回来的路上,儿子跟爸爸说:"爸爸,我错了,我下次踢球的时候一定找一个安全的场地。"爸爸很欣慰:"孩子,我们每个人都会犯错,重要的是犯了错以后,我们要学会为自己犯下的错负责。"

其实,孩子犯错的时候,犯错的记忆是最清晰的。而打骂带来的后果,就是让孩子不断地武装自己,用提高犯错的水平来逃避挨打,逃避负责任。孩子会估计犯错的"成本",如果他觉得这个成本可以接受,还会继续犯错。这就是我们为什么总是教育不成功的原因。我们教育孩子,打骂不是目的,让他意识到错误的后果,承担错误的结果才是关键。

有格局,有境界,有智慧

多让男孩子做东,请小伙伴一起吃饭,一起玩儿,让他尝试当主人。毛主席小的时候,自己的同学没有饭吃,他就宁可自己挨饿,把饭菜让给同学吃。每逢饥荒年,穷人乞讨,他的父母都会拿出粮食去接济那些贫苦的乡民。毛主席从小在父母的影响下,培养出了大爱之心,大爱之行。一个人,做东做久了,他的格局就会被放大,当他的格局被放大了,他就站在了巨人的肩膀上。要相信一个孩子能成为一个什么样的人,绝对不是偶然的。

这个方面我爱人做得特别好,孩子从幼儿园开始,只要学校要求家长为孩子准备带到学校的东西,无论是学习用品，还是吃的、用的，爸爸总是多准备些，通常集体活动，一定会有孩子忘记准备的，当他们需要的时候就分享给他们。既保证了孩子的参与，也保障了老师教学的正常进行。慢慢地他的格局就是集体而不是个人。

我的孩子长得不算高，性格温和，很多朋友就担心他去了学校，会被欺负。但事实证明，一个人的格局有多大，舞台就会有多大，孩子不但没有被欺负，反而那些调皮的孩子都把他当成哥儿们。

带孩子多去参加一些公益活动，让他去体会自爱，和他爱的世界。让他去帮助那些需要帮助的人，去体会帮助别人后的那份喜悦和满足。

肯定男孩子的智慧，而不是聪明。我们有很多的父母喜欢夸奖孩子聪明，聪明就意味着我的想法都是对的，我的逻辑都是清晰的，我的做法都是对的。但我们还有一句古话："聪明反被聪明误。"聪明有时候也会让人轻敌，聪明有时候会让人自以为是，聪明有时候会让人沾沾自喜。要肯定男孩子的智慧，因为智慧的力量是无穷无尽的。

坚强和勇敢

在中华民族的光辉历史中，有无数名留青史的杰出人物。卫青、霍去病、魏征、李靖、岳飞、文天祥、戚继光、俞大猷……他们或者是横刀立马的将军，或者是铮铮铁骨的名臣，而他们无一例外的是他们都有着坚强勇敢的信念。

每个人的一生都不可能是一帆风顺的，在成功的路上总会有各种各样的困难等待我们去克服，问题和失败并不可怕，他们是上天赐给我们的奖赏，把失败当成一次学习的机会，把犯错当成一次体验的过程。面对问题和失败，最大的敌人是自己，战胜了自己就战胜了一切。失败了，不是让孩子坚强不哭，而是让孩子尽情地去宣泄，去感受。因为痛苦也是人生的一部分，爸爸要教会孩子如何在痛苦中站立起来。这种在痛苦中站立起来的过程，培养孩子的是坚强的品格。

鼓励孩子勇敢地去创新，大胆地去尝试。这个世界变化太快了，10年前我们没有网购，5年前我们没有微信，而今天还有多少变化是我们不知道的？明天还有多少变化是我们不能预测的？

爸爸将这些优良的品格植入孩子的心中，男孩子就会越来越强大，而这些品格是妈妈不具备的。父亲要用人格的力量支撑起孩子的天空。

爸爸应该教会女孩子什么

为什么我们现在的家庭普遍地出现了问题呢？夫妻关系不协调，亲子关系不和谐，婆媳关系水火不容。其中原因主要是因为：女性越位，不懂得慈爱和承载。我们养育一个好儿子，可以得到一世的荣耀，而养育一个好女儿，可以保证一个家族三代的兴旺。我们今天养的不仅是一个孩子，更是一个家族的未来，一个民族的未来。

现在，大多数家庭都是一个孩子，如果这个孩子是男孩，那么从他出生开始就要听妈妈的话，听奶奶的话，听姥姥的话。上学了，要听老师的话（现在普遍的学校里也是女老师多），长大了再娶个老婆，还要听老婆的话，如果老婆再生一个女儿，又要宠着女儿，听女儿的话，我们每天都在受女性的影响。决定女性素质的是家庭，是父亲的教育方式。

父亲要教会女儿什么

滋养和孕育

爸爸可以带着女儿买一些种子，种在花盆里，种种子的过程就是孕育的过程，种子刚刚种下的那几天里，孩子是最着急的，她每天都会去看种子有没有发芽？要不要浇水？爸爸要告诉女儿，生命的孕育是需要时间的，现在我们虽然看不到种子破土，但是在土壤内部它已经开始生根发芽，给它足够的时间长大，它就会破土而出。经常陪着女儿一起观察种子的长势，为它除草，浇水。用爱滋养种子成长的过程，就是一个完整的孕育过程。在这个过程中，她学会了欣赏和敬畏，欣赏一个生命的呈现，敬畏一个种子的生命从无到有的过程。有了敬畏就有了感恩，有了感恩她就对一切充满了慈爱。

感知力

带着孩子多关注一些困难群体，有条件的家庭也可以养一些小动物，如果女儿没有时间照顾，爸爸代替孩子照顾，让女儿参与其中也能达到同样的效果。让孩子去感受小动物的喜怒哀乐，小动物生病了，带她去看病，小动物死了，让孩子体会这份难过。让她尽情地去哭，去宣泄，去感知这个世界上的悲欢离合，阴晴冷暖。这份感知将伴随她一生。

温柔、优雅

温柔，优雅，是女人的特质。提高女孩子的修养，琴棋书画，选择优雅的兴趣爱好，提高她优雅的气质，增加她的内涵。女孩7岁以后不要夸奖孩子漂亮，因为女人的漂亮是有"保质期"的。父母从小把漂亮这个词语植入了孩子的潜意识，那么等到孩子30岁以后，容颜开始衰老的时候，她就会产生焦虑，会不惜一切地去寻找失去的美丽。为什么有那么多的女孩子愿意去冒风险，花重金去整容，就是为了找回那两个字"漂亮"。要夸奖女儿优雅，因为优雅是不分年龄的，女人每一个阶段都有她独特的韵味和美，优雅是不会因为时间的增加而减少的。

界限感

女儿的界限感只有爸爸可以建立。爸爸要帮助女儿建立原则：女儿的房间不能随便进入，进入要经过她的允许，女儿的床不让任何人随便坐。我们往往忽略了这些生活中的细节，让孩子感受到的是边界的不清晰，如果一个女孩守不住自己的房间和床，守不住自己的边界，那么她就容易被侵犯，也容易入侵他人。

爸爸喝酒后不要抱女儿，不要让女儿接触不够理智的爱。女儿长大后，拥抱女儿要经过孩子的同意，这些生活中的细节是需要爸爸教给女儿的，因为爸爸与女儿的相处方式，决定了她以后怎样和其他男人相处，这种相处方式，也是她以后健康婚姻的保障和基础。

在孩子的成长过程中，父亲的角色是无法代替的，一个男人，在外面可以是小草，但是在家里他就是参天大树，男人工作中的角色随时可以有人替换，而父亲的角色是永不落幕的表演。不要在孩子的成长中缺席，那将是爸爸最大的遗憾，孩子最大的缺憾。

"穷养儿,富养女" 新解

对于男孩女孩的教养方式是否有差别,一直是很多人关注的话题。一段时间里,"穷养儿,富养女",成了大家普遍推崇的育儿方式。而我们看到的是:很多人都错误地理解了这句话,给的都是物质层面的"穷富"。

一个人的成长,最重要的是心灵的成长。今天,我们更看重的应该是孩子心灵的养育。在这个层面上,我认为男孩女孩都要"富养"。

当然,我们所说的富养并不是砸钱养孩子,满足孩子无理的要求。我们可以在力所能及的范围内,让孩子开阔视野,丰富见识,以及多元化的体验。

孩子从小被穷养,他就会被灌输一种穷人思维,"钱来之不易,要艰苦朴素。"从小到大他的经济被严格管制,往往这样就会让孩子特别在乎钱,他每花一分钱都觉得心如刀绞。小时候窘迫的孩子长大后也很难有安全感,唯一让他安全的可能就是存折上不断上涨的数字,因为他不知道什么时候自己拥有的就会被剥夺。这样的孩子往往都很悲观,凡事都往坏处想。他自卑,因为他的内心永远住着一个穷孩子。他试图让自己不要那么在乎钱,他试图去改变,但是这种思维是很难被改变的。他不快乐,不管他长大以后物质上有多么富足，表面上多么光鲜，他也很难发自内心的快乐。

被富养的孩子，他的思维就跟穷养的孩子不同。他认为钱没有那么重要，他会对很多东西都感兴趣，在他的心中有一个更大的世界。他乐观，凡事都能积极地面对，永远相信未来会更好。他潇洒、他快乐，他在生命有限的长度里无限的精彩。

有人会说，富养的孩子抗压能力弱，无法承受挫折，可是人生是一定会有挫折的。但穷养的孩子就一定是一帆风顺的吗？不要人为地给孩子创造挫折。陪伴孩子走过一段顺畅的人生，是父母的心愿，也是孩子的期望。

我们不得不承认，人类是进步的，物种是进化的。如果作为孩子的养育者，我们不改变固化的思维和格局，以一种从众的思想教育孩子，那么培养的孩子也不会有太大的成就，因为我们都是按照通常的标准去要求的，而不平凡的人是不具模仿性的，是可以跳出现在预见未来的。

培养孩子要的是一个未来的成果，立足点在建设未来。培养未来的孩子，更需要父母不断地打碎过去的链条，不断地拉高自己的"天花板"，才能引领孩子到达梦想的高度。

第七部分

梦想落地

为什么要有梦想

家庭是社会最基本的细胞,是人生的第一所学校。其实对于每一个家庭而言,孩子的梦想实现了,家庭的梦想也就实现了。家庭的梦想实现了,中国梦也就实现了。

最近几年,新兴行业不断出现,前一阵子朋友们一起吃饭聊天,了解到现在有一种行业,专门为即将参加高考的考生进行数据分析,帮助他们报考。乍一听还觉得这个行业的发明者很智慧。仔细一想,这个行业的出现就意味着有太多太多的孩子,在走向梦想的这条路上迷失了自己,这是多少个家庭的悲哀啊!孩子的梦想需要别人帮忙规划,还要付佣金,这也就意味着孩子这么多年的努力都是没有方向的,他们的努力都不是为梦想而付出的。

曾经有一个母亲问我:"陈老师,我的孩子写作业总是拖拉怎么办?"我问这个母亲,写作业的目的是什么?这位母亲答道:"拥有一个好习惯。"再问,有了好习惯呢?这位母亲答道:"有了好习惯就会成绩好,将来就能考上一个好大学,有个好工作,娶个好媳妇,有个好家庭,生个好孩子。"我又问她:"那生了孩子以后呢?"她说:"继续让孩子好好习、考大学、工作、结婚、生孩子……"

这是一个多么可怕的事实！中国现在有多少孩子是为了考大学而考大学？父母的格局仍然停留在生存的层面，没有方向的努力，有多少的大学生毕业以后从事的不是自己的专业，甚至毕业就开始失业。无法就业就要啃老，或者是随便找个工作开始碌碌无为的一生。还有一些大学生，上了16年学，最后做了销售，成了小摊小贩，可悲可叹。学校、家庭、社会数十年培养的孩子，最后都去做这些小学毕业就可以做的事情。如果是这样，那还不如把学费交给一个商人，到江浙一带找个师傅，不用16年，3年就可以学到做生意的本事，而且是很成功的商人，就没有必要浪费那么多的时间和金钱。

还有相当大的一部分大学生，找工作的时候完全是没有指向性的，如果有两家公司，一个薪金给到5000元每月，一个公司给到8000元每月，为了钱他可能就会选择8000元的那个公司，为了清闲他可能就选择5000元的那家公司。于是频繁地跳槽，不同领域转换，一直都找不到固定的目标。为了生存选择职业，而不是为梦想选择事业。这是一个多么可悲的现象！

我们今天教育孩子，就像是行驶在海洋上的船，没有设定目标，只在划桨上下功夫，走在错误的航线上，那么走得越快也可能错得越偏远，最后还有可能迷失在汪洋大海中漂泊一生。

没有梦想的支持，孩子都不知道为什么而学习。没有梦想的支持，孩子看到的是当下的苦，而不是未来的美好。我认为教育的当下更重要的是：帮助孩子，拥有一个好的心性，找到自己的身份，并发现自己的梦想。这些远比成绩要重要得多。

培养心性

其实我们的内在都有一个天才，只不过在我们成长的过程中，不断地灭有"黑水"（一些不正确的价值观念和信念）灌进了我们的身体，才让天才的信念泯灭，若要让"黑水"变"白水"，就要倒掉一部分"黑水"，然后用"白水"不断地冲刷替换，那么天才的内在就会被唤醒。我们今天的父母大多数都只看到了孩子的行为，而没有关注孩子的内在，其实一个人真正的力量来自于内在。

古往今来，哪一个成功的人不是因为其强大的心性？爱迪生的一次实验把他的实验室烧毁，他却说："灾难自有它的价值，这场大火烧掉了我所有的错误的谬论，这下我可以从头开始了。"在火灾过后的三个星期里，爱迪生就发明了第一部留声机！如果没有强大的心性指引，也许就不会有那么多伟大的发明。

1927年，大革命失败以后，革命力量被大大削弱，中国革命从城市走向了农村，1928年，敌人对井冈山地区进行"围剿"，极大地打击了革命队伍，毛主席在给林彪的信中写道："星星之火，可以燎原"，就是因为有这样的心性，毛主席带领苦难的中国人民走出了水深火热的悲惨年代，才有了我们今天的幸福生活。

我们教育孩子，目标是在未来，今天的父母要有这样一个格局。这个成果至少要10年甚至20年，如今世界真的变化太快了，等到孩子上大学的时候，有可能孩子大一学的理论，到毕业的时候已经被淘汰了，知识和行业的更新与取替的速度是空前的。因此，唯有强大的心性可以给孩子一个未来，令他拥有探索的精神和勇气和感召别人的力量，自己不具备的技能，也会有人为他弥补。

相反，如果一个人没有强大的心性，那么他的技能就会萎缩，知识也会变得狭隘，停留在求生存的层面。这个世界的进步是由那些心性强大的人推动的，孩子的时代来临的时候，很多的技能将会被机器人所代替，今天很多的生存的技能也已经不能为他们的生活作支撑了。所以我们要让孩子拥有探索的精神和勇气，让他们拥有改变世界的心性。

找到身份

你给孩子一个什么样的身份认定决定着孩子的自我价值认定。

父母经常跟孩子说的话有哪些？你怎么这么笨？你是猪吗？你这个孩子反应太慢！你怎么总是那么马虎？你总是那么淘气！我怎么会有你这样的孩子？快点写作业，每次都那么拖拉，你再……我就不喜欢你了……

我相信这些话语很多父母都曾经说过，而且不止一次地说过，这些负向的语言模式，带给孩子的是身份层面的否定。人是环境的产物，信念的结果。孩子每天被我们催眠，身份的否定就会被植入了孩子的潜意识。（潜意识是不识别否定式的，例如：不要去想西瓜，不要想苹果，可是我们想到都是西瓜和苹果）我们一次次的否定，孩子一点一点地吸收，并慢慢地相信。渐渐地孩子就会适应信念的选择，认为自己是笨的，自己是慢的，自己是马虎的……于是他就采取与信念相对应的姿态去面对一切。当遇到难题的时候，他的潜意识本能地否定自己，认为命该如此，那么出现的一切结果就都变得理所当然。

这是一个可怕的事实，这种"坏种子"会在孩子的信念里，生根发芽，甚至长大、癌变。在现实生活中，这样的例子也有很多。

有一个女孩，她的妈妈整日埋怨爸爸是个不负责任的男人，言语中充满了对男人的仇恨和抱怨。这样的"坏种子"就被种进了孩子的心里，从最初她不相信妈妈的话，直到有一天她恋爱了，失恋了，这个种子就会从心底开始萌芽，她开始怀疑妈妈的话是不是对的，当她再去尝试爱情的时候，遇见了一个同样不满意的人，她开始相信妈妈的话："男人没有好东西"。慢慢地当她看到别人幸福的时候，都会觉得别人都不正常。这颗种子不断地长大，经过一次又一次地验证，最后变成她心中的信念，这个"病毒"会让她"卡机"，甚至是朝着另外的方向发展。她认为一个人最好，一个人才是正常的。于是社会上很多的大龄剩女和不婚族就诞生了。

不要小看这样的力量，一代人的改变，可以改变三代人的命运。有些家庭犯罪的很多，一代一代厄运。有些家庭人才辈出，代代传承。这也就是我们经常说的吸引力法则，你相信什么就会吸引什么,你怀疑什么,什么就与你擦肩而过,你抱怨什么,什么事情就在你身上发生,不一样的意识,决定不一样的结果。注意力的方向产生成果,认定了就会在你的认为里寻找自己想要的答案。

所以从今天开始,给孩子一个正面的身份认定,在孩子的心田种下健康的种子。正直、善良、勇敢、孝顺、坚定、努力、乐观向上、专注梦想,这些正面的身份的认定,会给孩子一个了不起的身份。

怎样帮助孩子找到梦想

梦想是孩子成长的导航,有了梦想就有了方向,有了梦想就有了动力。孩子的梦想是从什么时候开始的呢?可能会在很小的时候就有,可能总是变来变去的,可能是父母不认同的,我们需要不断地确定和引导,最终带领孩子找到梦想的方向。

我的孩子在上幼儿园的时候,他的梦想是当国家主席,如果是你的孩子这样说,你会有什么样的回应?觉得孩子天马行空,觉得不可能?否定还是赞扬?其实我们不要着急去评判孩子的梦想,梦想无关大小,无关贵贱,父母要做的是让孩子了解梦想是什么时,让他们自己选择就可以了。

当我知道他这个梦想以后,我就搜集了很多资料,让他看到了很多国家主席每天要做的事情,他想了想,那我还是不当国家主席了。后来他说我要成为像爸爸那样的人,爸爸是做工程的,会盖很多很多的大楼,因为爸爸可以管很多人,我也要管很多人。于是我们就带着孩子去参观爸爸的建筑工地,了解爸爸的工作,最后他也放弃了。直到他6岁时的一天,他告诉我:"妈妈,我知道了,我的梦想是当汽车的设计师!"

于是他问我:"你能告诉我,我怎样才能实现这个梦想吗?"我告诉他要先学会外语,因为很多高端的汽车都是国外的设计师设计的,要设计未来的汽车是要跟他们学习交流的。还要学好美术,因为设计图是需要美术功底的。等再大一点还要学物理,化学……他想了想,那我现在先学英语和美术。于是他的课外课就是这样自己选定的,并且一直坚持到现在。他坚信那是他的梦想。每当提到这个梦想的时候他就无限地喜悦和幸福。

孩子的梦想方向,越早确立越好,他们明确了自己的目标,行动就有了方向,就不盲目,就不会再做无用功。梦想就是他启动的开关。

现实生活中,我们有很多的父母发现孩子的梦想今天是这样,明天是那样,索性就不管了。孩子看到父母都放弃了,索性自己也放弃了梦想,放弃梦想比没有梦想更加可怕。我们不要放弃孩子的梦想,他们的梦想是需要不断地寻找和验证的。带他去体验自己的梦想,如果那是他认定的,那么他所有的努力都有了动力。

今天有很多的父母,还停留在对孩子"奴役的爱"的层面,你是我生的,所以你要听我的,我帮你设计你的人生,这样都是为你好。父母为孩子准备好房子、车子,甚至是下半辈子的口粮,让他按照父母设定好的轨迹生存。孩子的梦想被摧毁,这比没有梦想更加可怕。

有一种爱叫作我允许你成为你自己!

梦想是孩子自己的,人生是孩子自己的,父母有什么权利去断决孩子的精彩?有多少孩子是背负着父母的梦想长大的，意义又何在呢？这就好像孩子想吃碗米饭，我们却硬要塞给他一碗面条，还要让他吃得快乐，多么地残忍！尊重孩子的选择，他才会创造出属于自己的帝国。他才会找到幸福感，我们所有的努力都是为了最终的幸福，如果出发点就错了，离幸福也就越来越远了。

父母陪孩子找到了梦想以后，就要把这个梦想深深地植入孩子的潜意识里，让他成为习惯性的信念，不断地去按这个梦想的开关。

带孩子走进梦想

离梦想最近的地方，要让孩子看到这个梦想真正的意义。

我的孩子的梦想是要做奔驰汽车设计师。4月29日，他得知五一前后有车展的消息后便迫不及待地想去看看。我和他爸爸商量了一下，给孩子请了假，带他去看车展。一进展厅他就开始兴奋，观看发动机工作原理，各种零配件，包括轮胎各种细节都要去体验。奔驰汽车的新品发布他在家里就已经自己查看了，到现场后更是一项一项地验证。

每辆车都要去看看坐坐，甚至还会说出自己不满意的地方，自言自语我长大了设计的时候，这里要这样，那里要怎样……我试图让他去看看其他品牌的汽车，他一开始是拒绝的，可见他对梦想的专注程度。后来我提示他，未来汽车一定是集众家所长，不能把眼光只放在奔驰汽车上。他听懂了我的话，开始去看其他品牌的汽车。

我在他的耳边窃窃私语:"孩子你看,来参观车展的人多吗?"他说:"太多了。"我说:"是啊,需要你设计更多的汽车满足大家的需求。你有信心吗?"他开心极了,大声说:"有信心。"我告诉他那个时候爸爸妈妈就会来看你设计的汽车,那时得多自豪,多幸福啊!他说会有那一天的。我想这颗种子已经在他的心里种下了。他知道了在这个梦想对于他的真正意义。

把未来植进现在,坚定孩子的梦想

父母总是让孩子好好学习,将来考大学,那么大学在哪里?大学是什么样子呢?孩子的头脑中有没有一个概念呢?以我的孩子为例,我们的下一个目标就是带他去全球最顶尖的汽车设计学院参观。美国加州——艺术中心设计学院(简称 ACCD),这所学校成立于 1930 年,是美国著名的设计学校之一,它的交通工具设计专业是其主导专业,也是全美声望最高的科系之一。

在没有去之前,我会拿着一些网上搜来的校园图片,像讲故事一样把未来的场景植入现在。我会看着图片告诉孩子,这里是学校的校门,等你将来到这所学校上学的时候,爸爸妈妈一起去送你,我们还会在这个校门口合影留念。那个时候你一定长高了,也变帅了。你看见那个奇奇怪怪的建筑了吗?那应该是你们学习的地方,不愧是设计名校,你们的校园可真特别,太有创意了!还有那个花园看到了吗?那是你和女朋友约会的地方,还有那棵树,你失恋的时候就坐在那棵树下……儿子听到这儿的时候说:"妈妈你讨厌!"还有那个亭子。你好像又恋爱了,这次好像更开心哦,儿子继续笑。这边好像是你的宿舍哦,看起来很气派,住起来一定很舒服哦。

还有那边的一个像礼堂一样的建筑,将来你设计的车下线后,回母校就在那里庆祝的。学校门口这里好像有个酒店,看起来不错的样子,到时候爸爸妈妈送你上学可以住在那里。你的学校实在太大了,我们转了一圈,有点饿了,那边好像有个餐厅,我们就坐在里面边吃边聊……

这是一个场景的催眠,我把这所学校深深地植入了孩子的脑海,想象与现实发生,孩子的感受是一样的。减小他的阻力,增强梦想的动力。他每次回想起这个图片都充满了无限的遐想,在校园里的生活、学习,甚至是恋爱、失恋都帮他植入进去。

如果一个孩子有了目标,他走偏了,我们可以引导他走回来,但是如果他没有目标,就像是闭着眼睛走路,那么便只能走到哪里是哪里了。

一个人从北京到深圳,如果深圳有他在乎的人,他会不顾一切地飞奔过去,哪怕艰难险阻也一定要到达目的地。如果上海有一个他不想见到的人,哪怕路途再近他也不会去。所以,我们要更多地在终点上下功夫,帮孩子爱上那个伟大的梦想。

扣响孩子心灵的扳机

在日常的生活中,我们可以时常的按起这个梦想的开关,例如:走在马路上,我看到了一个新款的车,我就会问孩子:"儿子,这个车设计怎么样?是你的风格吗?"儿子说:"我设计的车现在还没有呢!""哦!"下次再见到一辆颜色鲜艳的车,我会跟孩子说:"这个颜色不错,你将来设计一款这个颜色的给妈妈好不好?"他开心地答应道:"好的,满足妈妈的要求!"又过了几天,我在开车的时候,儿子问我:"妈妈,控制台上的几个没有字母的按钮是干什么用的?"我说:"我也不太清楚,可能是备用的吧?"他想了想,"到时候我要把这个地方设计一个功能。"我说:"那太好了!"

还有的时候,我会和孩子一起,把他的梦想分享给别人,每一次分享都是一次坚定的过程。每一次分享都能带给他更多的力量。就这样,我一次又一次地扣响他心灵的扳机,这个梦想的种子在他的心中,不断地发芽长大。

保持孩子梦想的温度

一个人对梦想的温度是需要保持的,我们在教育孩子的时候,不能总是扣动他心灵的扳机,因为太过频繁,孩子会厌烦,太刻意他就会抗拒。我们更不能拿他的梦想去威胁他,比如说很多的父母都会说:"你这样不努力,我看你的梦想是没有指望了……"这样的句式会影响孩子对梦想的感觉,我们总是认为是善意的提醒,但其实是破坏了那个梦想在他心中的温度。

慢慢地强化他的梦想

在孩子轻松愉悦的时候,可以跟孩子聊聊天。

1. 你想象一下当梦想实现了，你是什么样子的？

（孩子会沉浸在未来的美好里）

2. 你有没有想过当你成功了，你会拥有什么？

（唤起他对现实的渴望）

3. 等你的梦想实现了，爸爸妈妈就跟着你享福了。

（增加他的使命感和责任感）

今天的孩子为什么学习没有动力？因为他看不到未来的美好，看不到明天在哪。如果一个人对未来充满渴望，那么他就会不顾一切地奋勇前进。平凡的人，看到了才相信。不平凡的人，还没看到就相信。能成为领袖的人，是他自己看到了，并且号召身边的人也相信。

相信相信的力量，你有多相信，孩子就有多坚信！

当很多父母读到这里的时候就会有疑问，孩子的梦想万一改变了怎么办？万一没有实现怎么办？其实这是不矛盾的。这个过程就是孩子的一个心理成长的过程，我们按照这个方向去培养孩子，他的心性是足够强大的，他的身份是被定格的，即便最初的梦想不断地被修正，或者最终没有实现，但是孩子的人生是不受限的。他会永远对未来抱有希望，他依然可以找到自己的位置。

---第八部分---

焦点话题

网　瘾

　　孩子为什么玩电脑？因为快乐？爱玩是孩子的天性，孩子喜欢玩电脑是因为没有比玩电脑更好玩的事情。问题是很多父母只知道禁止孩子的行为，而不懂得孩子为什么那么迷恋网络。

　　上网可以填补孩子们现实生活中的空洞，他们孤单、无聊以及积压的情绪可以在网络的世界里得到释放。同时，网络也是一个猎奇的场所，孩子们可以在网络上满足自己的好奇心，寻找刺激。还有一些孩子，他们会在网络的世界寻找精神寄托，因为现实生活的无法满足，让他们更容易沉迷在网络的世界里。其中有一部分孩子玩网络游戏是因为群体效应，小伙伴们都在玩儿，如果我不参与其中，那我就是另类，很难融入其中……这些都是孩子们喜欢上网的原因。

　　任何一种事物都具有两面性，电脑在满足了孩子们对新鲜事物的好奇之外，也限制了孩子们的很多能力的发展。电脑上的图片颜色鲜艳、动感，给孩子的视觉带来冲击，但是那个信息是孩子被动接受的，限制了孩子的思维，影响孩子的创造力。

　　有人做了两个实验：同年级的孩子们的美术课，同样的孩子，同样的老师，做了两次实验。

第一次实验：

第一个美术老师给孩子们放了白雪公主的视频，然后让孩子们在画纸上画出白雪公主的图片，画完的结果是，所有的孩子画笔下的白雪公主几乎一样。

第二个美术老师，在课上为孩子们讲了关于白雪公主的故事，包括白雪公主的动作、神情、服饰等，然后让孩子们自己去画，结果发现孩子们画出的图画不尽相同。

第二次实验是：

第一个美术老师，面对同样的孩子，这次不是播放视频，而是以讲故事的方式，还是白雪公主的故事，讲完故事让孩子们继续画画，结果发现，这次孩子们画出的画跟上一次几乎相同。

第二个美术老师，面对的是原来的孩子，继续给孩子们讲白雪公主的故事，讲过以后，孩子们继续画，这一次画出的结果跟上一次仍有不同。

通过这两次实验表明，视频和图片的记忆，对一个人的影响是很难改变的，当一个人对一件事物的印象定格以后，就很难再有思考和创造。也就是说，印象是很难改变的，这就是心理学所说的"首因效应"。一个孩子被动吸收的东西太多，就会影响他的创造力。

其实孩子恋上电脑的原因大都是父母造成的，孩子最小的时候是喜欢做游戏的，可是父母不陪孩子玩，让这些电子产品陪伴孩子。等孩子大一点又不准他玩，伤眼睛、浪费时间……这是不是很不近人情呢？

其实让孩子戒除网瘾可以有很多的方法，在这里我们给出两个方向：

替代

我们可以找到很多方法去替代孩子上网，比如摄影、打球、踢球，问题是父母愿不愿意陪孩子，如果父母挖掘孩子的兴趣点，陪孩子一起玩儿，那么孩子找到了更开心的事，自然就不想着玩电脑了。还有一种方法，我们可以找一些有趣的学习软件给孩子，让孩子在玩中学习，也是不错的选择。只要我们有东西替代，父母又肯把时间给孩子，孩子是一定会改变的。

痛苦的记忆

孩子在玩电脑的时候，一般都会希望玩的时间越长越好，因为平时都是被父母限制的，不能玩得尽兴。我们可以问孩子玩几个小时能过瘾，孩子会怎么说？一个晚上？一天？玩的时间越长越好。我们可以给孩子充足的时间，玩一天好不好？孩子开心地答应了。好，那你要说话算话，在这一天的时间里只能做一件事，除了吃饭、上厕所，其他时间都要坐在电脑前玩儿，不允许睡觉。

在孩子玩的过程中，父母为孩子做好服务，玩到2个小时，孩子开始伸懒腰，到4个小时累了，想歇会儿可以吗？不可以，说好的一直玩儿。玩儿到6个小时，孩子说头晕要睡觉。不可以，说好不能睡觉的。给孩子洗点水果，倒点水，继续玩儿。玩到8个小时，孩子说不想玩了，依然不同意，要说话算话，10个小时……到最后孩子实在坚持不住了问:"我怎么才能不玩?"这个时候父母就要出场了,那你以后就得听我的了……

这在心理学上叫作"满灌疗法",也叫作"痛苦疗法"。一个人当他痛苦的时候就想逃离,当他痛苦到不能忍受的时候,是改变的最好时机。此时,在孩子的记忆里,对玩电脑的痛苦形成了深深的印痕,当他一想到玩电脑的时候想到的就是痛苦的记忆,就会自动地逃离。

这是两种方法,供父母参考,每个孩子都是不同的,大家明白原理活学活用才好。

还有一些实际操作的方法论,这里也为大家一一列出,供父母参考:

1. 要跟孩子讲清楚,上网会给孩子带来哪些不利的影响。

2. 尽量地丰富课余生活,限定孩子上网的时间。

3. 传授孩子网络安全常识,要告诉孩子不要浏览非法网站,不要轻信网络交友。防止网络诈骗,不在网上暴露家庭信息,不随意将父母的银行卡等信息告诉他人,不随意下载和购买游戏软件。

4. 正向的引导,让孩子明白互联网是一种公共的信息通道。我们不能制作和传播违反社会行为准则的信息。

5. 奖惩结合,孩子自律性有所提高,上网时间变短,就要给予相应的奖励,如若过度地上网就要采取惩罚措施。

孩子若已经到了"网瘾"的程度,习惯就已经养成了,任何一个习惯的养成都需要时间,新的习惯代替旧的习惯,同样需要时间。因此,父母要有足够的耐心和信心去等待孩子的改变。

啃 老

什么是啃老呢？也就是成年人已经有谋生能力，但却仍未"断奶"，依靠父母供养生活，这样的人被称为"啃老族"。

据有关专家统计，在城市里有30%的年轻人靠"啃老"活着，65%的家庭存在"啃老"问题。"啃老族"就像是一个个家庭的杀手，正威胁和影响着社会的进步。

这是一种可怕的现象，生活条件越是提高，这样的现象就愈加明显，这是每一个家庭都将面临的问题。

"啃老族"的主要来源有：1. 大学毕业后对工作不满意的失业者。2. 家庭条件优越的大学生，他们不担心生存问题，一言不合就辞职。3. 创业失败者，他们幻想创业成功，但是缺乏经验和学识，总是失败又不愿意为别人打工。4. 目标不明确的人，频繁的跳槽，总是幻想有安逸又高薪的工作。5. 文化低、技能低的人。只能靠出卖劳动力挣钱，但又不愿意吃苦，这样的一群人构成了强大的"啃老族"。

那么是什么原因造成了这些成年的孩子们，仍然不能独立地面对生活呢？造成这一现象固然有很多社会因素，但是父母对孩子的养育的方式才是罪魁祸首！是父母的教育失败让孩子变得无能、无德、无情、无志，自甘堕落、以啃老为生。

无能

孩子被包办代替的太多，使他失去了体验的机会和能力。现在的父母普遍为孩子做的事情太多，父母总认为自己给的就是孩子想要的，总是怕亏欠孩子，怕孩子受苦。越是这样就越难去拿捏养孩子的分寸，越是容易多给。父母总是用自己认为对的方式去爱孩子，无形中就扼杀了孩子体验的机会，其实这是一种伤害，孩子被变得无能。

无德

在中国，孩子对于家庭来说是稀缺资源，一个家庭中，爸爸妈妈、爷爷奶奶、姥姥姥爷，6个大人看着一个孩子，在家里孩子就是皇上，说一不二，目中无人。如果出了家门遇见一个比自己弱的还好，若是遇见一个更强的，他发现没有了依靠，这个孩子就变成了一个懦夫，中国有很多的孩子在家是条龙，在外是头熊。一点德行都没有。

无情

有很多父母抱怨孩子没有感恩的心，自私不可理喻但这种结果统统是在父母长期的影响下造成的。

一家人围在桌前一起吃饭，盘子里只剩下一个肉圆，这个时候父母通常会怎么做？妈妈会很自然地夹起来这个肉圆放在孩子的碗里，嘴里还会说："你还小给你吃，等你长大了以后记得要孝顺爸爸妈妈啊！"孩子边吃肉圆边回答："妈你放心，等你长大了我会孝顺你的。"孩子心里是这样想的吗？即便是这样想的，可是在行动上他是认为好吃的是要给他的，语言上同意，行动上是不认可的。

有一个孩子，他的爷爷去世了，爸爸带他去参加葬礼，孩子哭了半天很伤心。过了一阵子，家里养的一只小狗死掉了，孩子哭了一个星期。半年内，有人提到那只小狗，孩子还会哭。爸爸很奇怪，爷爷那么爱孩子，爷爷去世孩子也就哭了一个星期，可是小狗去世了孩子哭了那么久。为什么呢？

爷爷去世孩子哭，是因为孩子想到爷爷给出的爱。当爷爷给出爱以后，孩子也想给出，可是爷爷不要。孩子拿给爷爷一点好吃的，爷爷说："我不吃，你吃吧！"孩子不断给，老人不断地拒绝，孩子也是有爱心的，但若是总是不被接受，就失去了给的动力。正好这只小狗的出现让孩子的爱有了出口，孩子发现他给小狗的爱，小狗是很高兴接受的，给它一点好吃的，它就会摇尾巴，而且每天陪他一起玩儿。爷爷是无限地给，孩子感恩过，但是不被接受，于是失去了给出的动力。

一个是爱给出，小狗很接受，所以孩子乐此不疲。孩子会在自己付出的成果里面找答案，我是不是被需要的？我给的是不是有价值的？孩子有了成就感才有价值。一个孩子在爱和被爱之间选择，那一定是自己爱的分量更重。我们以为是在爱孩子，其实是在害孩子，把孩子的情感推开了。

今天，所有的感恩教育都是口头上的教育，行动上却拼命地想告诉孩子"我不需要你"，孩子会认为自己没有用。其实，表面的东西是没有价值的，真正有价值的是孩子潜意识深藏的价值感。

父母应该学会示弱。"强母多弱子",让孩子表达自己的情感,学会接受孩子的付出,才是真正的感恩教育。

当有一天孩子为妈妈拎包的时候,妈妈要很开心地接受,而且要在这个过程中给孩子动力和存在感。"孩子,你真的长大了,都能帮妈妈拿东西了,妈妈可真是要享福了。"如果你觉得孩子拿的不好,也不能说不好,要鼓励他。我们会发现一种情况,孩子本来可能就想拿一会儿就给妈妈的,但是听到妈妈这样说,这一路上再累孩子都会坚持,因为这是他价值的体现,他觉得做的有意义。

无志

当一个孩子的欲望被无限的满足的时候,他就会失去斗志,失去动力。很多父母为孩子提供了过于奢华的生活,孩子对一切都没有了渴望,在他的信念里,反正努力的最后结果也不过如此,还有什么值得去争的?

很多父母在教育孩子的时候都会说一句话:"爸爸妈妈的,将来都是你的""爸爸妈妈每天这么辛苦还不是为了你以后能轻松一点"。这会导致孩子从小就失去了斗志,他们心想:"有人冲在前面,哪里需要我努力啊,只要我想要,他们都能给。"

"授之以鱼,不如授之以渔",不要再埋怨孩子"啃老",是父母没有教会他们独立的生活。不是孩子天生不具备这种能力,而是未被挖掘。

手 机 控

过去孩子的玩具很多,像飞机、汽车、洋娃娃、毛绒玩具等。而如今玩具的种类不断地增加,可是孩子们似乎对它们并不感兴趣,他们最喜欢的是手机。手机越来越智能化,也越来越好玩儿。它占据人们越来越多的时间,随处可见的是人们在玩微博、微信、游戏、看小说……不单是成年人,孩子们也成了十足的"手机控"。面对孩子们的手机情节,父母也是无奈又烦躁。

很多父母对此忧心忡忡,不给孩子使用智能手机,担心孩子被封闭,得不到更多的信息和资讯。给孩子买手机,又担心孩子在信息的世界里迷失,无法自拔。控制孩子不用手机,有时候联系起来又很麻烦,让孩子使用手机,还是会有很多意想不到的麻烦,总之有各种矛盾。

一位妈妈诉说:"这个学期开学,我们给孩子买了一部手机,为的是能够跟孩子联系方便,可是现在真后悔,让我重新选择,一定不会给孩子买手机。孩子从开学到现在,每天的心思好像都在手机上,只要闲着就手机不离手。每天起床第一件事是拿起手机,每天睡觉前,做的最后一件事是放下手机。更让人担心的是吃饭也看,上厕所也看,在卫生间里能待上半个小时。前几天周末，我们一家人出游，一路上4个小时，他能看3个小时，车上摇晃不停，我们担心他的眼睛，强制制止才停止了一个小时……"

反正孩子现在就是一个"手机魔"了，自从买了手机，机不离身，有时候带他一起出去吃饭，他也不喜欢跟别人交流，吃好了，就在一旁玩手机。约几个同学一起出玩儿，他们说的内容好像也还是手机里的内容……

其实我在给孩子买手机前，我就知道会有这样的结果，那时候我们就约法三章，结果孩子没有我们想象的那么自律。现在真是担心死了，怕孩子视力变差，怕孩子每天看手机影响脊柱和颈椎发育、怕孩子迷恋手机不可自拔、怕孩子因此缺乏与别人沟通的能力……

"控"这个词语是最近几年兴起的，尤其是现在的年轻人，从美食、玩偶、爱好，无所不"控"。在这种种"控"的背后，其实是一种成瘾的心理在作怪。从这个妈妈的讲述中我们可以发现，这个孩子的确对手机有过度的依赖，是个典型的"手机控"。

手机控形成的原因应该是多方面的，下面为大家总结几点，供父母朋友们参考。

1. 孩子在生活、学习中经常受挫，情绪积压无法释放、缺乏自信、内心空虚、人际关系不好、容易成为"手机控"。相反的，如果在学习中得到自信、兴趣爱好广泛、内心充实、人际关系良好的孩子就不容易受到手机的干扰。

2. 青春期的孩子，心理变化很微妙，跟父母的交流也渐渐地变少了，如果孩子跟同龄孩子也不善交流，他又对外面的世界有强烈的好奇心，在这个时候手机恰好能满足孩子的好奇心。他可以通过微信、QQ、微博、陌陌等延时交流工具，更顺利地表达自己的想法，来满足广泛交流和认同的心理假象，用来满足现实生活中无法获得的满足感。这样手机就成了孩子的好朋友。

3. 手机的内容丰富，画面感强、功能强大。孩子们可以从手机里获得很多自己想要的东西，疑难、新信息都可以在手机里获得，让孩子对手机产生了工具性的依赖。他们更不愿意与外界互动，很多孩子因此变得孤独、懒散、消沉。很多心理学家发现，手机还会让人形成一种"多任务"的状态，长此以往，就会让人的专注力下降，很容易受到外界的干扰，没有办法集中精力，这对于正在学习中的孩子来说，有很大的负面影响。

4. 负面的榜样，很多父母都是手机不离手，那孩子怎么能心理平衡？有很多时候，父母只顾着约束孩子，而不以身作则。我们常常看到大人们聚会时玩手机、玩游戏。孩子怎么会不去模仿？还有时，父母要求孩子去写作业，而自己玩手机，孩子的心里怎会平衡呢？

改变"手机控"的现状，成了很多家庭当下的难题，在此给出一些方法供大家参考：

分析危害

想要改变孩子手机控的状态，首先要让孩子明白："手机控"是一种成瘾的表现，是一个坏习惯，它对青少年的成长是有危害的。充分认识以后，让孩子产生改变的欲望。这是改变的前提。这就需要父母与孩子平和地沟通，在沟通的过程中父母要有真诚的态度，控制好自己的情绪，不要使用过激的语言，否则孩子很难接受，还容易起反作用。不仅要让孩子明白玩手机浪费时间，还要让孩子明白玩手机对身心健康也是有害的。人最宝贵的就是时间，最重要的就是身体，最快的成长是学习和与别人的交流。

适时监控

孩子的自控力是有限的，改变这一习惯的时候，父母的监督和帮助是必不可少的。要制定好规则，什么时候可以用手机，什么时候不可以用，如果违反规定有什么样的惩罚，做得好有什么样的奖励，赏罚分明，说到做到。在稳定控制的前提下逐步地控制孩子玩手机的时间，最后达到自我控制。这是一个循序渐进的过程，父母要有足够的耐心去接纳孩子。

转移目标

丰富孩子的课余生活，多安排户外活动，创造集体活动，父母花心思跟孩子在一起，挖掘孩子的兴趣爱好，鼓励孩子参加跟同龄孩子一起交流的社团活动，可以带孩子去爬山、看电影、去科技馆让孩子从手机中"解放"出来。转移孩子的注意力，用代替的方法减少孩子对手机的依赖。引导孩子，手机虽然好玩，但外面的世界更加精彩。

父母以身作则

父母要跟孩子统一步伐,父母要求孩子做到的首先要自己做到,以身作则。在这个过程中,父母要做到疏堵结合,不急于求成。任何不良习惯的矫正和转变,都需要孩子不断地努力和父母不断地鼓励。孩子每前进一步,父母都要给予充分地肯定,好习惯的养成是要经历一个从被动到主动的过程的,因此,需要时间,需要等待,慢慢地帮助孩子正确地使用手机,而不是被其所控。

单亲家庭长大的孩子

婚姻的不稳定,带给孩子的伤害是巨大的。单亲孩子表面上看跟普通的孩子没有什么区别,但是一些孩子会存在特殊的心理问题。例如:孤独、渺茫、逆反、自卑等,这些特殊的情况父母要引起重视。孩子的情感世界非常脆弱,如何帮助孩子面对家庭破碎的现实,走出心理的困境才是父母努力的方向。

单亲家庭的孩子通常的心理障碍有以下几点:

孤独

单亲的孩子,特别是跟随爸爸一起的孩子,如果爸爸重新组建家庭,父亲一般会比较粗心,孩子如果与继母磨合得不好,就会常常感到自己在家中是多余的,孤独感就应运而生。孩子更容易敏感、脆弱,因为孩子还不具备自我调节的能力。行为上就会表现出:不合群、不大方、不爱与他人沟通。

因此,父母要多关心孩子的心理变化,如果孩子是跟随妈妈一起生活的,也要带孩子多跟舅舅、姥爷沟通,让孩子感受到来自男性的关怀和安全感。如果孩子跟着爸爸,爸爸也要多带孩子跟奶奶、姑姑多在一起,让孩子感受来自女性的关爱和温暖，来平衡孩子内心的孤独感。

迷茫

每个孩子都需要有梦想和目标，这些都是要在正确的引导下才能树立的。而单亲家庭里的孩子没有家庭的熏陶，该去追求什么？选择什么？他们很多时候都会非常的渺茫，或者就没有思考过这些问题。生活没有方向，没有目标。很多孩子都是碌碌无为地混日子，一生平平庸庸。

所以身为单亲家庭的父母，一定要帮孩子建立自信，找到目标，激发孩子的梦想，不让孩子在迷茫中失去了自己。

自卑

面对残缺的家庭，孩子一时间无法接受现实，无法理解父母的苦衷，受到这样的打击以后，孩子就会不知所措，无所适从。孩子会特别容易触景生情，在看到其他的孩子跟爸爸妈妈在一起的时候，他们就会感到忧伤和失落。他们不能接受曾经的美好瞬间消失的感觉，于是沉浸在悲伤和自卑当中，找不到快乐。慢慢地孩子就失去了自信心，消极、敏感，什么都不愿意去努力，总认为自己不够好，做什么都做不好。

单亲家庭的父母要告诉孩子一个事实：爸爸妈妈，本来就是毫无血缘关系的两个人，是因为相爱走到一起，因为不爱而分开的，但那并不影响爸爸妈妈继续爱你，你是爸爸妈妈的孩子，你跟其他的孩子并没有不同，给孩子建立一种自信。

焦虑

衡量一个孩子是否焦虑的标准是在他与他人接触、面对困难、面对挫折时的情绪反应。单亲家庭的孩子，在看到家庭破裂的时候，学到的是讨价还价、互相敌视。还有一部分是来源于爸爸，或者妈妈的负面情绪。因此，他们在人与人之间的交往过程中，就会变得纠结、缺乏安全感，不够自信。在与其他孩子交往的过程中，总是担心其他的小伙伴对自己的评价不好，使自己变得更加敏感和不安。

作为单亲家庭的父母，要及时地疏导孩子的情绪，同时也要注意自己的言行，大人之间的事情，不要影响孩子，不要让孩子去参与、去评判。多带孩子参加一些公益活动，让他感受到爱的力量。感受到其实只是父母一种生活方式的改变，其他的是没有变化的。不影响父母继续爱他，也不影响他继续爱父母。

妒忌

单亲家庭长大的孩子，无论在精神上还是物质上，所获得的享受，跟健全的家庭比起来通常都会有所欠缺。而这些又是一个成长中的孩子迫切需要，而又得不到的。他们会从最初的羡慕，演变成妒忌，甚至是憎恨。他们从内心对父母的爱非常渴望，希望能够得到爸爸或者妈妈双倍的爱。在物质上，如果得不到满足，就会产生报复性的偷盗，从最开始的妒忌，慢慢走向不归路。

所以，单亲的爸爸妈妈一定要及时发现孩子的这些心理特征，帮助孩子建立正确的价值观。

逆反

单亲家庭长大的孩子，由于自卑和情绪的原因，通常人际关系都不太好，容易成为其他孩子奚落和欺负的对象。其实，单亲家庭长大的孩子，最希望得到别人的尊重和欣赏，于是就会在言行上刻意地表现出与众不同，有时甚至喜欢"独树一帜"，以示自己的存在感和价值感。

当孩子出现逆反行为的时候，父母要冷静对待，避免正面冲突，应仔细分析原因。

单亲家庭的孩子从心理上都是渴望爱的，父母要尽可能地满足孩子的渴望，残缺的家庭已经让孩子失去了很多快乐，不要让孩子有太多的失望，建立良好的关系比任何事情都重要。要传达给孩子一种信念：爸爸妈妈是因为相爱而走在一起，因为不爱而分开的，但是那并不妨碍爸爸妈妈爱你。不管家庭关系怎么改变，爸爸妈妈都不会变。

学习问题

在孩子的成长过程中,有很大一部分的时间都是在学习中度过的,孩子的学习问题一直是父母最关心的话题。竞争越来越激烈,孩子的压力也就越来越大,再加上父母越来越高的期待。压力、冲突、欲望让亲子关系矛盾重重、危机重重。厌学、逃学、不写作业等等,这些不愿意看到的现象,每天都在不同的家庭上演着。

厌学

是什么原因让本来快乐的学习变成了痛苦的经历呢?孩子为什么厌学呢?

孩子厌学主要有以下几点原因:

1. 父母过高的要求,孩子很难达到父母的要求,使孩子失去了学习的动力。

2. 没有学习兴趣,其实孩子最初都是喜欢学习的,但是在学习的过程中,遇到困难无法解决,或者得不到父母的认可,孩子就渐渐失去了学习的兴趣。

3. 家庭关系不和谐,孩子心理负担太重,无心学习。

4. 孩子的能力和智力发育水平不相同,而老师和父母却总是以同样的标准去比较。孩子总被别人比下去。慢慢地孩子就会失去信心。

5. 不知道为什么学习，没有目标的学习。

影响孩子学习成绩的原因有很多种，父母要找到孩子厌学的原因，对症下药，针对性的采取措施。加强与孩子，与老师的沟通。激发孩子的学习兴趣，耐心地解答孩子提出的问题，并巧妙地设计问题，激发孩子的思考能力。不比较、不强求，每天进步一小步，日积月累就有成果。

逃学

孩子在上学的时间擅自离开校园称为逃学。逃学有很严重的社会危害。逃学孩子走向社会，是低龄犯罪人数增加、影响社会治安的主要原因。一项调查表明，逃学孩子的犯罪率比在校生高 15.6 倍。这就说明，逃学是应该引起重视的问题。

父母在面对孩子逃学的问题上，通常是很烦恼和气愤。孩子不上学，又不在家里，好奇心强、又没有自制力，担心孩子的安全问题，担心孩子学坏，担心孩子荒废学业……

凡事都有原因，孩子不会无缘无故地逃学，逃学的原因可能有很多种：

心理压力

有一些孩子在学校受到老师的批评，同学的排挤、欺负，或者嘲笑。因为学习或者人际关系处理得不好，回家后不想告诉父母，既不想上学，又不想待在家里，只好选择逃学了。父母在搞清楚孩子逃学的原因后，还要审视自己，是否对孩子的关心太少，或者是管教得太严。心理问题不解决，孩子就很难把心思放在学习上。

学习压力

一些学校为了追求升学率，把孩子分成了三六九等，给孩子造成了严重的心理负担和精神压力。有一些父母为了让孩子更优秀，给孩子报了很多的补习班、兴趣班，远远超过了孩子能力范围，让孩子疲惫，从而产生了消极对抗的情绪，情绪积累到无法释放就开始逃避，走向逃学的道路。

亲子关系不和谐

孩子与父母之间有隔膜，不经常沟通。或者父母采取不当的家教方式，比如打、骂、责罚等。不理解、不关心是影响亲子关系的主要原因。

父母在面对孩子逃学的问题时，首先要了解孩子逃学的原因，并给出正确的引导，减轻孩子的压力，把孩子的精力引导到学习上去，帮助孩子正确地疏导自己的情绪，不以逃学、旷课为手段来逃避学习。引导孩子找到梦想，增加孩子的自信心。如果孩子自律能力不强，相应的制定规范监督执行也是可以的。

不写作业

孩子不爱写作业，往往不是一次两次的偶尔为之，更多的时候，到了不爱写作业的程度就已经形成了习惯了。老师之所以让孩子们写作业，是为了让孩子们在课堂上学习的知识能够得到练习和巩固。孩子不爱写作业，多半是陪伴的过程中采取的方式不对，哄着、骗着、打着、骂着。孩子感觉到写作业是件非常痛苦的事情。

其实，孩子不能按时完成作业的原因有很多种，主要有：

注意力不集中

写作业的时候不能全身心的投入，东张西望，玩玩这个，想想那个，或者边看电视，边吃零食边写作业。写作业的环境不够安静，导致孩子专注力不够，没有办法专心写作业。

父母要求太多

许多父母检查完孩子的作业，不是这里不对，就是那里出错，各种挑剔，有些字写得不如意，父母干脆把作业撕掉让孩子重新写。其实这就是否定孩子的付出，孩子写作业也是很辛苦的，他也是付出了劳动的。我们不但不体谅，反而横加指责，孩子就会慢慢地失去信心。

安排不合理

有很多父母，等孩子一放学就急于让孩子完成作业，孩子上了一天课也很辛苦，他们也想歇一会儿，想和小伙伴们玩一会儿。我们作为父母是否能体谅孩子的感受呢？通常父母都是强制性地让孩子先完成作业，再去做其他的事情，破坏了孩子的兴致，孩子认为写作业就等于不能玩，就等于不快乐。

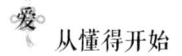

畏惧心理

孩子的基础知识掌握得不够好,没有能力完成作业。有很多作业完成起来是有困难的,写作业的时间不但延长,有时甚至还会导致抄袭现象,应付完成作业。

写不完的作业

很多父母怕孩子输在起跑线上,孩子做完了老师留的作业,还要做父母留的作业,反正写完了还要做更多,还不如拖拉。

作为父母,要找到孩子不爱写作业的原因,给孩子树立自信心,不给孩子太多的额外作业,写作业的时间适当地调整,而不是非要怎样不可。孩子写作业的时候耐心辅导,不否定孩子的付出,对孩子有些不满意的地方,我们要做正向的强化,找出他写得好的地方进行表扬和鼓励,孩子就会明白什么样子的作业是好的,他会写得越来越好。

写在后面的话

家庭教育是一个从摇篮到坟墓的全人教育，它存在着隐私性和独特性。关于人的学问是很复杂的，没有统一的标准，存在很大的差异化。个体间的发育，以及成长环境的不同，每个人的性格和受教育程度，都影响着家庭教育的质量。

目前很多的父母在教育孩子的这条路上，还停留在纠正孩子行为的阶段。我们要读懂孩子，辨清孩子的类型，用适合的方法去教育和引导，这样做起来，效果一定会大不一样。只要我们做到"因型施教"，家庭教育便不再困难重重。

当然，孩子的教育主体是家庭，同时还有学校和社会的联动反应，打造一种家校紧密结合的正能量场是行之有效的教育办法。

教育孩子，我们一直在探索，一直在路上，我们专注家庭教育，立志服务更多的中国家庭，让孩子们健康成长，家长们不再为教育子女而发愁。

本书在经历多次的修改和修订后，终于跟大家见面了，非常感谢清瑕老师的肯定和鼓励及所有工作人员的努力和付出。

陈 雪
2018.1.18